InDesign mit JavaScript automatisieren

Peter Kahrel

Deutsche Übersetzung und Bearbeitung von Martin Fischer

O'REILLY®

Beijing · Cambridge · Farnham · Köln · Paris · Sebastopol · Taipei · Tokyo

Die Informationen in diesem Buch wurden mit größter Sorgfalt erarbeitet. Dennoch können Fehler nicht vollständig ausgeschlossen werden. Verlag, Autoren und Übersetzer übernehmen keine juristische Verantwortung oder irgendeine Haftung für eventuell verbliebene fehlerhafte Angaben und deren Folgen.

Alle Warennamen werden ohne Gewährleistung der freien Verwendbarkeit benutzt und sind möglicherweise eingetragene Warenzeichen. Der Verlag richtet sich im Wesentlichen nach den Schreibweisen der Hersteller. Das Werk einschließlich aller seiner Teile ist urheberrechtlich geschützt. Alle Rechte vorbehalten einschließlich der Vervielfältigung, Übersetzung, Mikroverfilmung sowie Einspeicherung und Verarbeitung in elektronischen Systemen.

Kommentare und Fragen können Sie gerne an uns richten:
O'Reilly Verlag
Balthasarstr. 81
50670 Köln
Tel.: 0221/9731600
Fax: 0221/9731608
E-Mail: kommentar@oreilly.de

Die Originalausgabe erschien 2007 unter dem Titel
Scripting InDesign with JavaScript bei O'Reilly Media, Inc.

Copyright der deutschen Ausgabe:
© 2008 by O'Reilly Verlag GmbH & Co. KG
1. Auflage 2008

Die TecFeed-Taschenbücher gibt es auch als PDF-Ausgaben, die für das Lesen am Bildschirm entwickelt wurden. Mehr darüber erfahren Sie unter *www.tecfeeds.de*.

Bibliografische Information Der Deutschen Bibliothek
Die Deutsche Bibliothek verzeichnet diese Publikation in der
Deutschen Nationalbibliografie; detaillierte bibliografische Daten
sind im Internet über *http://dnb.ddb.de* abrufbar.

Lektorat: Inken Kiupel, Köln
Korrektorat: Sibylle Feldmann, Düsseldorf
Satz: G&U Language & Publishing Services GmbH, Flensburg (www.GundU.com)
Umschlaggestaltung: Michael Oreal, Köln
Produktion: Karin Driesen, Köln
Druck: fgb freiburger graphische betriebe; www.fgb.de

ISBN 978-3-89721-540-5

Dieses Buch ist auf 100% chlorfrei gebleichtem Papier gedruckt.

Inhaltsverzeichnis

1	**Einführung**	**5**
2	**Das ExtendScript Toolkit (ESTK)**	**8**
3	**Das Objektmodell von InDesign**	**12**
	Eltern	14
	Kinder	17
	Zwei spezielle Eltern	17
	Eine Sammlung von Objekten	19
	Eigenschaften	21
	Methoden	23
	Anzeigen von Eigenschaften und Objekten im ESTK	25
4	**Schnelleinstieg in JavaScript**	**27**
	Einige allgemeine Regeln	28
	Variablen	28
	Reservierte Wörter und Escape-Sequenzen	29
	Strings	30
	Strings und Zahlen	32
	Arrays	34
	Arrays vs. Sammlungen	37
	Operatoren	38
	Anweisungen	42
	Funktionen	47
	Interaktion mit dem Anwender	49
	Unicode-Zeichen	51
	Skripten ausführen	52
5	**Mit Text arbeiten**	**54**
	Text hinzufügen, ersetzen und löschen	54
	Sonderzeichen einfügen	57

Lokale Formatierung von Text	58
Mit einem Zeichenformat belegten Text formatieren	59
Mit einem Absatzformat belegten Text formatieren	61
Absatzabstände	61
Absätze nummerieren	64

6 Suchen und Ersetzen — 68

Sammlungen finden	75
Ein Kerning-Editor	76
Ein schlimmer Fehler in InDesign CS2	84

7 Tabellen — 88

Der Aufbau einer Tabelle	88
Einen Bezug auf eine Tabelle herstellen	90
Allgemeine Formatierung	91
Spalten einrasten	93
An Maßeinheiten ausrichten	96
Zellen schattieren	98
Summenberechnung von Spalten	98
Alle Tabellen in einem Dokument bearbeiten	100

Einführung

Kapitel 1

In jedem Layoutprozess fallen routinemäßige Aufgaben an, die sich zwar durch Handarbeit lösen lassen, aber in der Ausführung zeit- und nervenaufreibend sind. Skripten können viele dieser Aufgaben übernehmen, doch wie stellt man es an, Aufgaben zentral zu bewerkstelligen, wenn man noch nie geskriptet hat? Dieses Buch gibt Ihnen sowohl das Wissen als auch die Skripten an die Hand, mit denen Sie den Layoutprozess in InDesign optimieren können.

Wenn Sie InDesign mit JavaScript automatisieren wollen, müssen Sie sich mit zwei Dingen vertraut machen: mit dem Objektmodell von InDesign und mit JavaScript. Obwohl beide komplex sind, kann jeder ziemlich zügig damit anfangen, Skripten zu schreiben, wenn die ersten Hürden überwunden sind. Dieses Buch möchte zeigen, dass eine Menge in InDesign mit sehr einfachen Skripten (manchmal selbst mit Einzeilern) automatisiert werden kann. Diese kleinen Skripten können den Weg zu schwierigeren Skripten ebnen. Was Sie vor allem brauchen, ist Entschlossenheit.

Dieses Buch ist für Anwender geschrieben, die sich in InDesign gut auskennen, aber nicht notwendigerweise viel vom Skripten bzw. Programmieren verstehen. Kenntnisse in InDesign sind notwendig; schließlich gibt es wenig Ansatzpunkte zum Skripten von InDesign, wenn Sie InDesign nicht kennen. Programmierkenntnisse sind nicht entscheidend (obwohl sie natürlich von Vorteil wären).

Ich bin überzeugt, dass jeder bis zu einem gewissen Grad programmieren lernen kann. Sie müssen kein Mathematiker sein, um sich solche Fertigkeiten anzueignen. Nebenbei hat das Entwickeln von JavaScript-Skripten für InDesign nichts mit Informatik zu tun: Es hat vielmehr ganz pragmatisch damit zu tun, dass etwas in InDesign zum Laufen gebracht werden soll.

Behandelt werden die Versionen Adobe InDesign CS2 und CS3.

Inhalte dieses Buchs

Dieses Buch ist wie folgt gegliedert: Kapitel 2 beginnt mit einem kurzen Überblick über das ExtendScript Toolkit (ESTK), die Umgebung, in der Sie Skripten schreiben können. Wir packen hier so viel hinein, wie Sie brauchen, um damit verständig umgehen zu können. Kapitel 3 handelt vom Objektmodell von InDesign und bietet Ihnen einen Aufriss nebst allgemeinen Regeln und einigen Veranschaulichungen von Eigenschaften und Methoden. Danach folgt in Kapitel 4 eine Einführung in JavaScript. Dies ist kein vollständiger JavaScript-Lehrgang, sondern behandelt die wichtigsten Grundbestandteile der Sprache und gibt Ihnen für den Anfang ein paar Beispiele an die Hand.

Die letzten drei Kapitel widmen sich speziellen Bereichen, in denen Skripten nützlich sind, um ein paar Lücken in InDesign zu füllen. Diese behandeln im Wesentlichen Text. Kapitel 5 handelt von einigen grundlegenden Textskript-Techniken. Im Anschluss daran führt Kapitel 6 in verschiedene Aspekte des Suchens und Ersetzens ein. Ich werde zunächst zeigen, wie damit der Suchen/Ersetzen-Dialog von InDesign automatisiert werden kann, und anschließend vorstellen, wie die

Suche dazu verwendet werden kann, einen flexiblen Unterschneidungseditor zu skripten. Schließlich nimmt Kapitel 7 Tabellen in Augenschein. Obwohl die Tabellen von InDesign recht leistungsfähig sind und die Tabellen- und Zellenformate in InDesign CS3 die Formatierung flexibler gestalten, müssen Sie auf der Benutzeroberfläche immer noch viele Formatierungen von Hand vornehmen, was überaus nervtötend sein kann. Aber glücklicherweise sind Tabellen nicht so schwierig zu skripten.

InDesigns Umsetzung von JavaScript ist plattformunabhängig. Ein Skript, das Sie auf einem Mac schreiben, läuft ebenfalls auf einem PC. Dieses Buch kann deshalb sowohl von Mac- als auch von PC-Anwendern genutzt werden. Bei der Nennung von Tasten werde ich wo nötig sowohl die Namen auf dem Mac als auch die des PCs verwenden (Return/Enter, Strg/Befehl, Alt/Wahl).

Alle Skripten in diesem Buch sind geprüft und getestet worden und müssten wie angezeigt funktionieren. Trotzdem sollten Sie zum Ausprobieren jedes Skripts, auch derjenigen, die einfach und harmlos aussehen, immer eine Kopie Ihres Dokuments machen oder das Skript bei einer Testdatei anwenden. Testen Sie ein Skript niemals an einem ungesicherten Arbeitsdokument.

Schließlich möchte ich an ein paar Menschen, die in den letzten Jahren Ideen und Tipps mit mir geteilt haben, ein Wort des Dankes richten: Dirk Becker, Jonathan Brown, Michael Daumling, Martin Fischer, Olav Kvern, Dave Saunders, Shane Stanley, Alan Stearns und besonders an meinem alten Freund Teus de Jong. Der Autor kann per E-Mail über *kahrel@kahrel.plus.com* erreicht werden.

Kapitel 2
Das ExtendScript Toolkit (ESTK)

In InDesign 4 (CS2) werden Skripten im Verzeichnis ~*Adobe\InDesign CS 2\Presets\Scripts* gesichert. InDesign 5 (CS3) sind sie im Verzeichnis ~*Dokumente und Einstellungen\[Benutzername]\Anwendungsdaten\Adobe\InDesign\Version 5.0\ Scripts\ Scripts Panel* (Win) bzw. im Ordner *~/Users/[Benutzername]/Library/Preferences/Adobe InDesign/Version 5.0/ Scripts/Scripts Panel* (Mac) untergebracht. Skripten, die für InDesign CS2 geschrieben wurden, können auch in InDesign CS3 ausgeführt werden, wenn sie im jeweiligen Unterverzeichnis *Version 4.0 Scripts* abgelegt werden. Skripten sind reine Textdateien; sie haben immer die Endung *.jsx*. Obwohl sie in jedem Editor, der Dateien im reinen Textformat (BBEdit, Notepad) sichern kann, erfasst werden können, werden sie am besten mit dem ESKT geschrieben. Sie können einerseits direkt daraus gestartet werden, andererseits färbt das ESTK spezielle Dinge wie Kommentare und reservierte Wörter ein (Syntaxhervorhebung). Das ESTK hat viel zu bieten, aber für unser Vorhaben beschränken wir uns auf die Erklärung von ein paar Dingen.

Ein Weg, das ESTK zu starten, geht über die Skript-Palette in InDesign (*Fenster* → *Automatisierung* → *Skripten*). Dort erfolgt die Auswahl eines Skripts sowie des Befehls *Skript bearbeiten* im Fly-out Menü. Versichern Sie sich immer, dass das Bedienfeld im ESTK links oben »InDesign CS2« bzw. »InDesign CS3« anzeigt, weil der Inhalt dieses Bedienfelds dem ESTK sagt, welches Programm angesprochen wird. Das ESTK kann zum Schreiben von Skripten für die meisten Produkte von Adobe verwendet werden, und alle diese Programme, die auf Ihrem Computer installiert sind, werden in dieser Liste angezeigt. Sie können die Fenster beliebig anordnen. Abbildung 2-1 zeigt den ESTK-Startbildschirm in InDesign CS3.

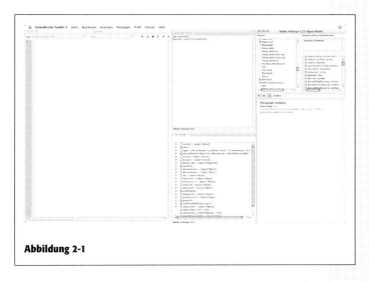

Abbildung 2-1

Das Fenster *Quelle1* (bzw. *Datei1* in InDesign CS2) ist das Hauptfenster für das Schreiben von Skripten. Jede neue Datei, die Sie starten, wird als ein neuer Reiter (ESTK 1 für InDesign CS2) bzw. als ein neues Fenster (ESTK 2 für InDesign CS3) dargestellt.

Das Fenster mit dem Reiter *JavaScript-Konsole* ist eine Art Befehlszeile, in die Sie JavaScript-Befehle eingeben können. Das Ergebnis wird im Bedienfeld direkt darunter angezeigt. Versuchen Sie Folgendes: Schreiben Sie `'Hallo!'` (mit den Anführungszeichen) und bestätigen Sie mit Enter/Return. Das gibt im Ausgabefenster `Ergebnis: Hallo!` aus; dieser Einzeiler könnte Ihr erstes Skript sein. Das Konsole-Bedienfeld ist in der Tat ein einfacher Texteditor. Sie können alles, was ein Skript hier ausgibt, in die Zwischenablage kopieren und irgendwo einfügen. Sie können hier ebenfalls Texte erfassen, auch wenn das nicht besonders sinnvoll ist. Um das Bedienfeld zu löschen, klicken Sie mit der rechten Maustaste hinein und wählen *Löschen* im Kontextmenü.

In einem weiteren Fenster finden Sie den praktischen Datenbrowser. Doch dazu später mehr.

Wenn Sie das ESTK zum ersten Mal starten, sehen Sie auch einen Reiter mit Skripten und einen Reiter mit dem Namen *Breakpoints*. Ich finde den Skriptenreiter nicht besonders nützlich (Sie können eine Liste der Skripten sehen, wenn Sie Strg/Befehl+O drücken oder *Öffnen* aus dem Dateimenü wählen).

Wenn Sie das ESTK über das Bearbeiten eines Skripts aus InDesigns Skriptpalette starten, wird dieses Skript rechts in einem eigenen Reiter angezeigt. Um ein neues Skript zu erstellen, drücken Sie Strg/Befehl+N.

Ein anderer Weg, das ESTK zu starten, den ich stets verwende, führt über eine Verknüpfung auf dem Schreibtisch oder im Startmenü (oder deren Äquivalente auf einem Mac). Um das ESTK zu finden, bewegen Sie sich zum Ordner *~\Adobe\Adobe Utilities\ExtendScript Toolkit,* suchen nach einer Datei namens *ExtendScript Toolkit.exe* und erstellen eine Verknüpfung. Nun können Sie das ESTK unabhängig von InDesign starten.

Wie bereits angemerkt, wird die Konsole dazu verwendet, Befehle direkt einzugeben. Aber auf meinem System ist die Schrift so klein, dass ich sie kaum lesen kann. Ferner ist diese Einzeilenbearbeitung begrenzt, deshalb verwende ich ein normales Bearbeitungsfenster für Konsolenzwecke. Um zu sehen, wie das geht, öffnen Sie ein neues Bearbeitungsfenster (Strg/Befehl+N) und schreiben `'Hallo!'` hinein. Wählen Sie *Run* aus dem Debugfenster (oder drücken Sie F5/Befehl+R oder klicken Sie auf den Vorwärts-Button), und die Konsole gibt `Hallo!` aus.

Neben den Drop-down-Menüs im Hauptfenster sehen Sie sechs kleine Buttons (das Drop-down-Menü *main* hat keine Funktion in InDesign CS2). Die ersten drei sind *Ausführen*, *Pause* und *Stop*, mit dem Sie die Ausführung eines Skripts starten, unterbrechen oder beenden können. Die letzten drei Dreiecke entsprechen *Überspringen* (Prozedurschritt), *Hineinspringen* (Einzelschritt) und *Hinausspringen* (Rücksprung) im Debugmenü. Der erste, *Überspringen*, wird benötigt, um ein Skript Zeile für Zeile auszuführen, was sehr nützlich ist, da Sie sehen können, was an jedem Punkt im Skript passiert; er heißt *Überspringen*, weil er über Funktionen hinwegspringt (Funktionen werden in Kapitel 4 behandelt). Um auch durch Funktionen zu gehen, verwenden Sie *Hineinspringen*. Mit *Hinausspringen* verlassen Sie eine Funktion vorzeitig. Obwohl das Dokumentfenster von InDesign nicht aktualisiert wird, während Sie durch das Skript schreiten, können Sie die Werte von allen Variablen im Datenbrowser-Fenster sehen, was sehr nützlich ist. All das ist nur sinnvoll, wenn Sie Skripten schreiben, daher kehren wir später zum Debugger zurück.

Im Folgenden beschäftigen wir uns mit dem Objektmodell von InDesign und kehren dann zum ESTK-Datenbrowser zurück, um zu zeigen, wie er verwendet werden kann, um Eigenschaften und Methoden anzuzeigen, die mit Objekten von InDesign verbunden sind.

Kapitel
3 Das Objektmodell von InDesign

Das Objektmodell erkunden Sie am besten im ESTK. Öffnen Sie also das ESTK und drücken Sie Strg/Befehl+N, um eine neue Datei anzulegen. Legen Sie in InDesign ein neues Dokument an, erzeugen Sie einen Textrahmen und füllen Sie ihn mit Platzhaltertext. Platzieren Sie die Einfügemarke irgendwo im Text.

Im ESTK platzieren Sie den Cursor in dem leeren Skriptfenster, schreiben `app.selection[0]` und wählen *Ausführen* aus dem Debugmenü. (`[0]` ist ein Index; seine Bedeutung ist an dieser Stelle nicht wichtig, wird aber später klar werden.) Dieses Einzeilenskript sagt Ihnen, was im InDesign-Dokument ausgewählt ist. In der JavaScript-Konsole zeigt ESTK `[objekt InsertionPoint]` an.

Das sagt uns, dass wir im Moment ein Objekt der Klasse »Einfügepunkt« ausgewählt haben (die Position des Cursors). Lassen Sie uns noch ein bisschen experimentieren. Gehen Sie zum InDesign-Dokument und wählen Sie ein einzelnes Zeichen aus. Kehren Sie zurück zum ESTK und wählen Sie erneut *Ausführen*. ESTK meldet `[object`

Character]. Ein weiterer Versuch: Wählen Sie in InDesign ein Wort, indem Sie darauf doppelklicken; ESTK sagt Ihnen, dass die Auswahl ein Wortobjekt ist: [object Word]. Machen Sie weiter, indem Sie irgendwo im InDesign-Dokument dreifach klicken, um eine Zeile auszuwählen, und führen Sie das Skript mit dieser Auswahl aus: [object Line]. Klicken Sie viermal irgendwo in einen Absatz, und ESTK sagt [object Paragraph]. Schließlich wählen Sie den ganzen Textrahmen in InDesign (Strg/Befehl+Klick) und dann *Ausführen* im ESTK; es berichtet [object TextFrame]. Sie sehen, was auch immer Sie ausgewählt haben, ESTK sagt Ihnen, was es ist (wenn Sie nichts ausgewählt haben, gibt Ihnen ESTK undefined zurück).

Bis jetzt hat uns ESTK mitgeteilt, was für eine Objektklasse unsere Auswahl war, aber vielleicht wollen wir ebenso wissen, was in diesen Objekten steckt – mit anderen Worten, was die Inhalte sind. Viele Objekte haben Inhalte; lassen Sie uns ein paar, die wir gerade gesehen haben, ausprobieren. Im InDesign-Dokument wählen Sie noch mal ein Wort durch einen Doppelklick aus. Gehen Sie ins ESTK, fügen Sie .contents an app.selection[0] an, so dass es app.selection[0].contents lautet, und wählen Sie *Ausführen*. Wie Sie sehen können, gibt Ihnen das ESTK nun den Inhalt des Wortobjekts als Text zurück. Versuchen Sie dasselbe mit dem ausgewählten Textrahmen, und das ESTK zeigt Ihnen den gesamten Inhalt des Textrahmens. Es ergibt durchaus Sinn, dass ESTK mit nichts antwortet, wenn Sie einen Einfügepunkt auswählen (d.h., Sie platzieren den Cursor irgendwo im Text) und nach seinem Inhalt fragen. Tatsächlich antwortet es sogar richtig literarisch mit nichts in der Art von *Alice im Wunderland*, aber Sie können es – wenig überraschend – nicht sehen.

Lassen Sie uns jedoch mit unseren Ausführungen zum Objektmodell, das wir früher als eine hierarchische Struktur beschrieben haben, weitergehen. Es ist bezeichnend für hierarchische Modelle, dass alle Elemente Verzweigungspunkte oben und unten haben – das sind Eltern (parents) und Kinder (children) –, natürlich mit Ausnahme der obersten Verzweigungspunkte (die keine Eltern haben) und der untersten Verzweigungspunkte (die kinderlos sind). Die Eltern sind in InDesign einfach zu finden. Aber die Kinder sind ein bisschen schwieriger zu ermitteln.

Eltern

Wählen Sie in einem InDesign-Dokument einen Einfügepunkt aus. Dann löschen Sie im ESTK-Skriptfenster .contents und wählen *Ausführen*, um das Einzeilenskript auszuführen, damit Sie sicher sein können, dass das Objekt, das Sie ausgewählt haben, ein Einfügepunkt ist. Nun hängen Sie .parent an app.selection[0] an, so dass das ESTK-Fenster nun die folgende Zeile zeigt:

```
app.selection[0].parent
```

Wählen Sie *Ausführen*, und das ESTK meldet, dass [object Story] Elternelement von unserem Einfügepunkt ist. Fügen Sie noch mal parent an:

```
app.selection[0].parent.parent
```

Das sagt Ihnen, dass das Elternelement eines Textabschnitts das Dokument ist. Hat ein Dokument ein Elternelement? Ja freilich. Die folgende Zeile

```
app.selection[0].parent.parent.parent
```

veranlasst das ESTK, [object Application] zurückzumelden. Sie können noch weitere Eltern hinzufügen, aber sie werden alle sagen, dass Programm das Elternelement ist: Programm ist der Anfang der Hierarchie.

Aber kommen wir nun zu der Reihe, die wir früher ausprobiert haben: Zeichen, Wort, Zeile, Absatz usw. Prüfen Sie, was passiert, wenn Sie das Elternelement für jedes davon ausprobieren. Wählen Sie zum Beispiel ein Wort durch einen Doppelklick und probieren Sie app.selection[0].parent im ESTK. Die Antwort ist [object Story]. Versuchen Sie dasselbe mit einer ausgewählten Linie; das Ergebnis ist wieder [object Story]. So haben Einfügepunkte, Zeichen, Wörter, Zeilen und Absätze alle dasselbe Elternelement: nämlich den Textabschnitt. Aber können wir nun von einem Einfügepunkt zu seinem elterlichen Wort kommen oder von einem Wort zur elterlichen Linie oder zum elterlichen Absatz? Das können wir.

Wählen Sie im InDesign-Dokument einen Einfügepunkt (d.h., platzieren Sie den Cursor irgendwo, ohne etwas auszuwählen) und probieren Sie im ESTK-Skriptfenster app.selection[0].words[0] aus, worauf das ESTK mit [object Word] antwortet. Nun schreiben Sie app.selection[0].words[0].lines[0] und ESTK antwortet mit [object Line]. Sie können damit fortfahren und .paragraphs[0] hinzufügen, um [object Paragraph] zu erhalten. Beachten Sie, dass Sie auch alle möglichen Kurzformen verwenden können; beispielsweise gibt Ihnen app.selection[0].paragraphs[0] mit nur einem ausgewählten Einfügepunkt [object Paragraph] zurück. Es gibt also zwei Wege aufwärts in der Hierarchie: zum einen mit einer allgemeinen Abfrage unter Verwendung der parent-Eigenschaft eines Objekts und zum anderen unter Verwendung besonderer Abfragen wie »gib mir das elterliche Wort eines bestimmten Zeichens«. In letzterem Fall müssen Sie mit dem Objektmodell ziemlich vertraut sein. Die Beispiele, die wir bislang verwendet haben, zeigen, dass das Objektmodell, obwohl durchschaubar, nicht immer eindeutig ist. Behalten Sie im Hinterkopf, dass die Ausdrücke app.selection[0] und parent die Haupteingänge zu InDesigns Objektmodell sind. Viele Skripten fangen mit einer Abfrage darüber an, in welchem Zustand sich InDesign befindet, was hier bedeutet, ob irgendetwas ausgewählt ist und, falls ja, was ausgewählt ist.

Bisher sind wir die Hierarchie hochgereist, um ein Objekt anzusprechen (oder zu erreichen), indem wir nach dem

Elternelement des Objekts oder nach einem bestimmten Objekt oberhalb des Ausgangsobjekts gefragt haben. Aber wir können auch in die andere Richtung reisen und ein Objekt vom Ausgangspunkt der Hierarchie beginnend ansprechen. Nehmen wir an, Sie wollen etwas mit dem *x-ten* Zeichen in einem Absatz *y* in einem Textabschnitt *so und so* machen. Sie können es folgendermaßen ansprechen:

```
app.activeDocument.stories[0].paragraphs[2].words[3].
    characters[0]
```

Übersetzt bedeutet das so viel wie »in der aktiven Anwendung das aktive Dokument, der erste Textabschnitt, der dritte Absatz, das vierte Wort, das erste Zeichen«. (JavaScript fängt bei null an zu zählen: Das nullte Element in einer Wortliste ist das, was Menschen als das erste Wort wahrnehmen.) Testen Sie die obige Zeile im ESTK: Es sollte [object Character] dabei herauskommen. Sie können den Inhalt von diesem einzelnen Zeichen überprüfen:

```
app.activeDocument.stories[0].paragraphs[2].words[3].
    characters[0].contents
```

Es muss nicht immer so umständlich sein. Wir haben bereits gesehen, dass wir alle möglichen Kurzformen verwenden können, wenn wir die Hierarchie hochklettern. Beim Heruntergehen in der Hierarchie können wir manchmal ähnliche Kurzformen verwenden. Zum Beispiel sind die folgenden drei Zeilen gleich:

```
app.activeDocument.stories[0].paragraphs[0].words[0].
    characters[0]
app.activeDocument.stories[0].words[0].characters[0]
app.activeDocument.stories[0].characters[0]
```

Natürlich ist das erste Zeichen des ersten Worts des ersten Absatzes des ersten Textabschnitts (was die erste Zeile bezeichnet) das gleiche wie das erste Zeichen des ersten Worts des ersten Textabschnitten (die zweite Zeile) und das erste Zeichen des ersten Absatzes (die dritte Zeile).

Kinder

In gewisser Weise hatten wir bereits mit Kindern zu tun; wir könnten sagen, dass alles rechts von einem Punkt ein Kind ist, dass also Zeichen Kinder von Wörtern sind, Wörter Kinder von Zeilen, Zeilen von Absätzen und Absätze von Textflüssen. Kinder sind dennoch Objekte, die das ESTK als [object xxx] anzeigt. Wenn ein Kind einen Wert anzeigt, wie .contents es früher gemacht hat, sprechen wir von *Eigenschaften* (Properties). Wir werden hierher zurückkehren, nachdem wir zwei spezielle Eltern behandelt haben.

Das Objektmodel hinauf und herunter

Abseits vom Hinauf- und Heruntergehen in der Hierarchie können wir beides auch miteinander kombinieren. Angenommen, wir haben einen Einfügepunkt im InDesign-Dokument ausgewählt, dann gibt uns die folgende Zeile im ESTK das zweite Wort des aktuellen Absatzes zurück:

```
app.selection[0].paragraphs[0].words[1]
```

app.selection[0] ist das Einfügepunktobjekt; wir gehen eine Ebene hoch zum Absatz paragraphs[0]und dann mit words[1] wieder herunter zum zweiten Wort.

Zwei spezielle Eltern

Sie haben eventuell festgestellt, dass die Eltern-Kind-Beziehung in InDesigns Objektmodell nicht einwandfrei ist, denn darin ist ein Enkel tatsächlich nur ein Kind. paragraphs[0].words[0].characters[0] ist dasselbe wie paragraphs[0].characters[0]. Und was wie ein Großelternelement aussieht (oder auch ein Urgroßelternelement), kann tatsächlich als Elternelement angesprochen werden; words[0].paragraphs[0].parent ist dasselbe wie `words[0].parent` – nämlich ein Textabschnitt. Allgemeiner können wir sagen, dass InDesigns Objektmodell einen gewissen Grad an Flexibilität erlaubt. Diese Flexibilität zeigt sich auch in zwei besonderen Eltern-Beziehungen: `parentStory` und `parentTextFrame`.

parentStory

Wie wir bereits sehen konnten, haben verschiedene Objekte (Einfügepunkt, Zeichen, Wort, Zeile, Absatz) dasselbe Elternelement: den Textabschnitt. Nun wählen Sie einen Textrahmen und führen im ESTK folgende Zeile aus:

```
app.selection[0].parent
```

Das ESTK gibt [object Page] zurück: Das Elternelement eines Textrahmens ist eine Seite. Schön und gut – nach allem befindet sich ein Textrahmen auf einer Seite. Die Funktion von Textrahmen ist, für Textflüsse als eine Art Gefäß zu dienen; ein Textabschnitt ist in einem oder mehreren verknüpften Textrahmen enthalten. Wie stellt sich nun die Beziehung zwischen Textflüssen und Textrahmen dar, soweit sie InDesign-Skripten betreffen? Nun, diese Beziehung ist nicht ganz intuitiv. Mit einem in InDesign ausgewählten Textrahmen führen Sie im ESTK folgende Zeile aus:

```
app.selection[0].parentStory
```

ESTK gibt [object Story] zurück. Sie erhalten die gleiche Antwort, wenn Sie ein Wort, ein Zeichen oder einen Absatz auswählen; in der Tat gibt `parentStory`, egal was Sie auswählen, den aktuellen Textabschnitt zurück, selbst wenn Sie einen Textrahmen ausgewählt haben. Wenn dies auch nicht ganz intuitiv erscheint, so stellt es sich dennoch als äußerst nützlich heraus. (Beachten Sie, dass JavaScript abhängig von der Groß-/Kleinschreibung ist, so dass Sie die Befehle mit der hier dargestellten Großschreibung eingeben müssen.

ParentTextFrame

Das zweite außergewöhnliche Elternelement ist `parent-TextFrames[0]`. Es wird verwendet, um einen Bezug zum beinhaltenden Textrahmen herzustellen, wie Sie es mit folgender Zeile machen können:

```
app.selection[0].parentTextFrames[0]
```

Wenn Sie denken, dass dies merkwürdig aussieht, haben Sie vollkommen recht. Der Plural und der Index [0] suggerieren, dass es mehrere `parentTextFrames` geben könnte, aber es gibt keine, was Sie mit `app.selection[0].parentTextFrames[1].contents` überprüfen können. (In InDesign 3 wird dieses Elternelement `parentTextFrame` bezeichnet.) Dies haben wir einfach hinzunehmen.

In Kapitel 7, »Tabellen«, werden wir zwei anderen besonderen Eltern begegnen: `parentColumn` und `parentRow`. Beide sind Eltern des `Cell`-Objekts.

Eine Sammlung von Objekten

Lassen Sie uns der Objektwelt von InDesign etwas weiter nachgehen und sehen, was wir damit anstellen können. Früher haben wir gesehen, wie das ESTK bei einem ausgewählten Einfügepunkt auf `app.selection[0].paragraphs[0].words[0]` mit `[object Word]` antwortete. Wenn wir nun den letzten Index auslassen und Folgendes eingeben:

```
app.selection[0].paragraphs[0].words
```

gibt uns das ESTK `[object Words]` zurück. Bitte beachten Sie den Plural. Was stellt dieses Objekt dar? Können wir den Inhalt überprüfen? Versuchen Sie dies:

```
app.selection[0].paragraphs[0].words.contents
```

Nein, das geht nicht. ESTK meldet einen Fehler: `Object does not support the property or method 'con-`

tents'. (Die betroffene Zeile wird rot hervorgehoben; Sie müssen das Skript beenden, bevor Sie weitermachen können, deswegen wählen Sie *Stop* aus dem Debuggermenü.) Wenn wir den Inhalt eines Absatzes haben wollen, müssen wir genau dieses Objekt ansprechen:

```
app.selection[0].paragraphs[0].contents
```

Dennoch gibt uns `app.selection[0].paragraphs[0].words` eine Sammlung bestehend aus Wort-Objekten im ausgewählten Absatz zurück, so wie `app.selection[0].parentStory.words` die Wörter aus dem ausgewählten Textabschnitt zurückgibt. Die Indizes, die wir bislang verwendet haben, waren `words[0]` für das erste Wort und beispielsweise `words[6]` für das siebte. (In Sammlungen können wir uns einzelnen Objekten auch vom Ende her nähern. `words[-1]` ist das letzte Wort, `words[-2]` ist das zweitletzte Wort usw.) Allgemein gesagt, ergibt die Verwendung eines Objektnamens ohne Index (wie `words`) eine Sammlung von Objekten; Sie picken sich eines aus der Sammlung heraus, indem Sie einen Index verwenden, wie in `words[3]`.

Eine nützliche Eigenschaft von Sammlungen, auf die ich hier hinweisen möchte, ist der Umfang (`length`). Um festzustellen, aus wie vielen Zeichen ein Wort besteht, wie viele Wörter in einem Absatz stecken oder wie viele Absätze in einem Textabschnitt enthalten sind, verwenden Sie jeweils diese Zeilen:

```
app.selection[0].words[0].characters.length
app.selection[0].paragraphs[0].words.length
app.selection[0].parentStory.paragraphs.length
```

Der Vollständigkeit halber sei gesagt, dass `selection` ebenfalls eine Sammlung ist. Wählen Sie zum Beispiel einen Textrahmen aus und schreiben Sie:

```
app.selection.length
```

Das ESTK wird `1` zurückgeben, da Ihre Auswahl aus nur einem Textrahmen besteht.

Können wir die Inhalte der Wörter eines Absatzes erhalten? Nun, wir können natürlich sagen:

```
app.selection[0].paragraphs[0].contents
```

aber das gibt uns den ganzen Absatz als eine einzige Zeichenfolge zurück. Um den Inhalt der einzelnen Wort-Objekte festzustellen, werden wir einen überaus nützlichen Weg bei der Adressierung von Objekten gehen, nämlich den über everyItem():

```
app.selection[0].paragraphs[0].words.everyItem().
   contents
```

Dieser besondere Befehl erzeugt ein Array mit Inhalten aus Wörtern (Arrays werden im nächsten Kapitel über JavaScript besprochen). Wir werden in diesem Buch noch einigen Beispielen von everyItem() begegnen.

Ein anderer Weg, eine Sammlung von Objekten zu erzeugen, führt über Indesigns Suchfunktion in einem JavaScript, das wir später ausprobieren werden.

Eigenschaften

Alle Objekte in InDesign haben eine oder mehrere Eigenschaften. Einigen davon sind wir bereits früher begegnet: nämlich contents and length. Der Wert jeder Eigenschaft kann eingesehen werden (read), und viele Eigenschaften können auf einen bestimmten Wert gesetzt werden (write). In späteren Kapiteln gehen wir darauf detaillierter ein, hier aber wollen wir nur ein paar allgemeine Eigenschaften behandeln.

Objekte können eine Hand voll oder Dutzende von Eigenschaften haben. Ein Objekt der Klasse Word zum Beispiel hat außer der Eigenschaft contents (d.h. dem Wort selbst) ebenso einen zugewiesenen Font, einen Schriftschnitt, einen Schriftgrad, Laufweite, Wortabstände, Hochstellung usw. – kurz alles, was Sie in der Absatz- und der Zeichenpalette einstellen können und einiges mehr. Objekte der Klassen Absatz (`paragraph`), Zeichen (`character`) und Zeile (`line`) haben ähnliche Eigenschaften; die Eigenschaften von Textrahmen (`textFrame`) beinhalten ihre Position und Größe, Spaltenanzahl usw. – wiederum alles, was Sie im Textrahmenoptionen-Dialog und in der Transformieren-Palette einstellen können und darüber hinaus ein paar mehr.

Für Skripter – Anfänger wie Fortgeschrittene – stellt sich die Aufgabe herauszubekommen, welche Objekte welche Eigenschaften haben und wie die Eigenschaften benannt sind.

In InDesign CS3 können Sie diese in der ESTK-Palette *Objektmodell für Adobe InDesign CS3* nachschlagen (im Menü *Hilfe → Objektmodell für Adobe InDesign CS3*).

In InDesign CS2 müssen Sie die Scripting Reference zu Rate ziehen und dort nachschlagen. (Die Scripting Reference für InDesign CS2 befindet sich auf der InDesign CS2-CD und ebenfalls unter *http://www.adobe.com/products/indesign/pdfs/InDesign_Scripting_Reference.pdf*.) Die Scripting Reference ist ein schlichtes Dokument, das alle Objekte alphabethisch auflistet und alle Eigenschaften von jedem Objekt aufführt. Zum Beispiel beginnt die Beschreibung des Zeichen-Objekts auf Seite 623 und hat vier Spalten. Diese beinhalten den Namen der Eigenschaft, den Typ (Boolescher Wert für wahr oder falsch, String für Textzeichenketten usw.), die Zugriffsmöglichkeit (»read« bedeutet, dass sie nur eingesehen werden kann; »r/w« steht für »read/write« und bedeutet, dass der Eigenschaft ebenso gut ein Wert zugeordnet werden kann) und eine kurze Beschreibung der Eigenschaft. Im Wesentlichen wird jedes Objekt in vier Abschnitten diskutiert: hier Zeicheneigenschaften (`Character properties`), Zeichenmethoden (`Character methods`, siehe Seite 632), gefolgt von Zeichen (`Characters`, Plural, siehe Seite 636) und Zeichenmethoden (`Characters methods`). Es ist wichtig zu beachten, dass diese vier Abschnitte genau ein Objekt, nämlich `Character`, beschreiben. Der Abschnitt, der mit `Characters` bezeichnet ist, bezieht sich auf Sammlungen von Zeichen, der `Character`-Abschnitt auf einzelne Zeichenobjekte. Allerdings werden alle mit `Characters[n]` angesprochen.

So nützlich die Scripting Reference als Dokument auch ist, es gibt auch für InDesign 4 einen einfacheren Weg, um die Eigenschaften und Objekte, die mit Objekten verbunden sind, zu entdecken – nämlich einen sogenannten Objektbrowser (ein Vorläufer des Objektbrowsers in ExtendScript Toolkit 2 von InDesign 5). Auf Teus de Jongs Website *http://www.teusdejong.nl/* (gehen Sie zum Abschnitt InDesign Utilities; das Bildschirmfoto dort gibt einem guten Eindruck wieder) ist einer frei erhältlich. Bedauerlicherweise ist dieser nur für PC-Anwender verfügbar, deshalb müssen Mac-Anwender den Scripting Guide verwenden. Teus' Objektbrowser liefert dieselben Informationen wie der Referenzteil des Scripting Guide, ist jedoch viel einfacher zu benutzen.

Methoden

Auf der einen Seite sind Eigenschaften statisch in der Art, dass sie einen Zustand beschreiben. Methoden dagegen sind dynamisch, weil sie »etwas tun«. Zum Beispiel haben viele Objekte eine Methode `.add()`, die, wie der Name schon sagt, ein Objekt hinzufügt; dies schließt die Objekte Dokument (`document`), Seite (`page`), Textrahmen (`textframe`) und Index (`index`) ein. Zum Beispiel fügt `app.activeDocument.pages.add()` am Ende des aktiven Dokuments eine Seite ein. Methoden werden im Reference Guide getrennt aufgelistet und können einfach daran erkannt werden, dass ihnen Klammern folgen, mit oder ohne Parameter. Um Eigenschaften und Methoden einander gegenüberzustellen, sind hier ein paar Beispiele aufgeführt, die beide mit der Großschreibung zu tun haben:

```
app.selection[0].paragraphs[0].capitalization =
    Capitalization.smallCaps
```

```
app.selection[0].paragraphs[0].changecase
    ( ChangecaseMode.titlecase )
```

In der ersten Zeile befindet sich eine Eigenschaft, die ausgegeben oder gesetzt werden kann (beziehungsweise *read* oder *written*). Um eine Eigenschaft zu lesen, benutzen Sie den Teil der Zeile bis zum Gleichheitszeichen. Das ESTK teilt Ihnen die Eigenschaft mit; dazu haben wir weiter oben in diesem Kapitel verschiedene Beispiele gesehen. Um eine Eigenschaft (wie oben gezeigt) zu setzen, verwenden Sie einen dazugehörigen Parameter oder eine entsprechende Zahl (*enumeration*, wie es im Scripting Guide bezeichnet wird und wo Sie sie finden können). Auch hier liegt das Problem darin herauszufinden, welche Zahlen (*enumeration*) möglich sind; und wieder lautet die Antwort, dass Sie dies im Reference Guide nachschlagen müssen.

Die zweite Zeile verwendet die Methode `changecase()`, um die Groß-/Kleinschreibung des ausgewählten Absatzes zu ändern (dasselbe wie *Groß-/Kleinschreibung ändern*, das Sie auch im Schriftmenü in der grafischen Benutzeroberfläche von InDesign verwenden). Sein einziger Parameter, `ChangecaseMode`, hat vier Werte (oder Zahlen), die Sie im Reference Guide finden können.

Beachten Sie, dass `capitalization` eine Eigenschaft und `changecase()` eine Methode nicht nur von Absätzen, sondern auch von Zeichen, Wörtern, Zeilen, Textflüssen, Textrahmen usw. sind. Es kann ebenfalls schwierig sein festzustellen, welche Objekte und welche Eigenschaften zusammengehören. Diese Beziehungen können im Prinzip im Scripting Guide gefunden werden, aber es ist einfacher, dies in einem Dokument nachzuschlagen, das auf *http://www.kahrel.plus.com/indesign/id4-dict.html* abrufbar ist. Diese PDF-Datei ist im Wesentlichen ein Verzeichnis mit einer langen Liste mit Objekten und ihren Eigenschaften und Methoden, die Ihnen herauszufinden ermöglichen soll, welche Eigenschaften von welchen Objekten verwendet werden.

Anzeigen von Eigenschaften und Objekten im ESTK

Wenn Sie mit dem Debugger durch ein Skript gehen, wird Ihnen im ESTK eine Liste von Eigenschaften, die zu einem ausgewählten Objekt gehören, angezeigt. Um zu sehen, wie dies geht, wählen Sie in einem InDesign-Dokument etwas aus (Wort, Zeichen, Textrahmen). Stellen Sie sicher, dass im ESTK der Datenbrowser sichtbar ist, erstellen Sie eine neue Datei (Strg/Befehl+N) und schreiben Sie diese beiden Zeilen:

```
aTextFrame = app.selection[0];
x = 0
```

Wählen Sie im Debuggermenü zweimal *Überspringen* (Prozedurschritt; ignorieren Sie die gelbe Hervorhebung; damit sagt Ihnen der Debugger, welche Zeile ausgeführt wird). Irgendwo weit oben in der Liste im Datenbrowser sehen Sie ein Element `aTextFrame`, dem ein Plus- (ESTK 2) bzw. ein Dreiecksymbol (ESTK) vorangestellt ist (siehe Screenshot). Klicken Sie auf dieses Symbol, um das Element zu erweitern und alle Eigenschaften, die mit Ihrer Auswahl verbunden sind, zu sehen. Einige davon haben ebenfalls ein Plus- bzw. Dreiecksymbol, und Sie können auch diese erweitern. Wenn Sie fertig sind, drücken Sie wieder F10, um das Skript zu beenden. (Die Zeile `x = 0` dient dazu, den Debugger zu beschäftigen; wenn Sie sie auslassen, werden Sie nie ein `aTextFrame` im Datenbrowser zu Gesicht bekommen. Anstelle von `x = 0` tut's auch jede andere Zeile, solange Sie dem Debugger nur eine Verschnaufpause geben.)

Um auch die Methoden anzuzeigen, klicken Sie mit rechts auf das Datenbrowserregister und aktivieren *Objektmethoden einblenden*. Dann debuggen Sie das Zweizeilenskript noch einmal. Der Datenbrowser zeigt nun Methoden, die mit dem ausgewählten Objekt verknüpft sind, wenn gleich es auch keine Parameter anzeigt.

Abbildung 3-1

Kapitel 4

Schnelleinstieg in JavaScript

Obwohl die Anfragen, die wir im vorigen Kapitel verwendet haben, um InDesigns Objektmodell zu erkunden, in JavaScript geschrieben waren, haben sie uns wenig mehr als nur ein paar Informationen gegeben. In diesem Kapitel bieten wir eine kurze Anleitung in JavaScript. Wir beschränken uns auf solche Dinge, die notwendig sind, um in JavaScript zu skripten und Skripten zu verstehen. Für eine tiefer gehende Betrachtung von JavaScript lesen Sie am besten *JavaScript: Das umfassende Referenzwerk* von David Flanagan (O'Reilly); ein ausgezeichneter Referenzführer in JavaScript ist auch Netscapes JavaScript-Referenz im Web auf *http://synchro.net/docs/js/ref/*. Eine nützliche schnelle Referenz gibt es unter *http://www.devguru.com/technologies/javascript/*. Bitte beachten Sie, dass keine dieser Quellen irgendetwas über die Möglichkeiten von JavaScript, mit Festplattendateien umzugehen, zu sagen vermag, da diese einzigartig sind in Adobes Umsetzung von JavaScript. Der InDesign Reference Guide ist die einzig gute Quelle dafür.

Einige allgemeine Regeln

Eine wichtige, markante Eigenschaft von JavaScript (fortan JS), leicht zu übersehen und die Ursache von so manchem Kummer, ist seine strenge Unterscheidung von Groß- und Kleinschreibung. Sie müssen JS-Eigenschaften und -Methoden genau so, wie Sie sie im Beispielcode dargestellt bekommen, abtippen, oder Ihr Skript versagt seinen Dienst.

Schreiben Sie am Ende jeder Codezeile in einem Skript ein Semikolon. JS ignoriert Returns, Leerzeichen, Tabs und alle anderen Arten von Leerräumen, deshalb benötigt es den Strichpunkt als Begrenzungszeichen zwischen Anweisungen.

Text, der auf // folgt, wird nicht beachtet, ebenso Text zwischen /* und */. Ersteres ist nützlich, um in einem Skript kürzere Kommentare zu hinterlassen; Letzteres kann für längere Ausführungen genutzt werden und um zeitweise Code, der ausgeklammert werden soll, außer Kraft zu setzen. Im ESTK werden Kommentare in Pink dargestellt, um sie vom Skript selbst abzuheben.

Viele Namen von JavaScript-Befehlen und -Eigenschaften sind sehr lang, so dass einzelne Zeilen in einem Skript ebenfalls sehr lang sein können. Zeilen können an Kommata, bei Klammern und Gleichheitszeichen umbrochen werden. Umbrochene Zeilen an gut gewählten Stellen können auch die Lesbarkeit eines Skripts erhöhen; siehe verschiedene Beispiele in diesem Buch.

Variablen

Variablen sind Elemente, die sie selbst benennen und in denen Sie Informationen sichern können. Sie werden definiert, indem das reservierte Wort var verwendet wird. Manchmal müssen Sie Variablen verwenden (das werden wir später sehen), aber oft ist der Gebrauch eher eine Frage der Bequemlichkeit. Zum Beispiel können Sie, anstatt immer wieder mit `app.activeDocument` auf das aktive Dokument zu verweisen, am Anfang eines Skripts den Verweis auf das aktive Dokument in einer Variablen sichern und dann diese Variable dazu verwenden, auf das Dokument zu verweisen.

```
var myDoc = app.activeDocument;
myDoc.pages.add();
myDoc.indexes.add();
```

Es ist jedoch nicht notwendig, sondern lediglich eine Frage der Bequemlichkeit. Der Name einer Variablen kann aus allen möglichen Buchstaben (Groß- oder Kleinbuchstaben) und dem Unterstrich »_« bestehen. Außerdem können Ziffern verwendet werden. Allerdings darf der Name einer Variablen nicht mit einer Ziffer anfangen.

In Übereinstimmung mit der allgemeinen Praxis benenne ich die meisten Variablen so, dass ich my vor den Namen des Objekttyps setze. Zum Beispiel wurde oben eine Variable `myDoc` definiert, um auf ein Dokument zu verweisen; ähnlich verwende ich `myStory`, um auf einen Textabschnitt zu verweisen, und wenn Sie den Namen `myTable` sehen, wissen Sie, dass es ein Verweis auf ein Tabellenobjekt ist.

Reservierte Wörter und Escape-Sequenzen

Es gibt eine Anzahl von reservierten Wörtern in JS – das heißt Wörter, die JS in einer bestimmten Weise versteht. Im ESTK sind sie leicht erkennbar, da sie in einer anderen Farbe angezeigt werden (die Grundeinstellung ist Blau). Beispiele für diese Wörter sind `if`, `else`, `return`, `while`, `function`, `case`, `break` und `var`. Sie sollten diese Wörter nicht als Variablen verwenden.

Wie reservierte Wörter sind Escape-Sequenzen Zeichen, die in einer speziellen Weise interpretiert werden, wenn ihnen ein Backslash vorangestellt wird. Beispielsweise werden Anführungsstriche verwendet, um Strings zu definieren. Wenn Sie ein Apostroph als Text eintragen möchten, müssen Sie dieses Zeichen schützen. Hier ist ein Beispiel:

```
myInsertionpoint.contents = 'Lovely day, isn\'t it?';
```

Die Escape-Sequenz in `isn\'t` ist notwendig, um sicherzugehen, dass der Anführungsstrich nicht als Zeichenkettenbegrenzung (string delimiter) gedeutet wird. Allgemeine Escape-Sequenzen sind `\"` für Anführungszeichen, `\r` für Enter/Return und `\t` für den Tabulator.

Strings

Strings sind Zeichenketten, die unter Umständen nicht länger als ein Buchstabe sind. Sie werden von einfachen oder doppelten Anführungsstrichen umgeben (Sie finden normalerweise doppelte Anführungszeichen, aber ich ziehe es vor, einzelne Anführungsstriche zu verwenden, da ich diese für klarer halte). Sie definieren einen String wie folgt:

```
var myName = 'Peter'
```

Strings können mit +- und +=-Operatoren verknüpft werden:

```
var message = 'Dies ist die erste Zeile\r';
message += 'einer Notiz, die in der Ausgabe\r';
message += 'über drei Zeilen läuft';
alert( message );
```

Bitte beachten Sie, wie wir `\r` benutzen, um einige neue Zeilen in der angezeigten Nachricht zu erzwingen.

Drei String-Methoden sind im Allgemeinen besonders nützlich: `indexOf()`, `lastIndexOf()` und `slice()`. Die zwei Methoden `indexOf()` und `lastIndexOf()` sind einander darin ähnlich, dass sie die Position eines Teilstring in einem String zurückgeben. Wenn der Teilstring nicht im String vorhanden ist, wird -1 zurückgegeben. Hier sind einige Beispiele, die diese Methoden veranschaulichen (beachten Sie, dass JS bei null anfängt zu zählen):

```
myString = 'Charles Hoare';
myString.indexOf( 'e' );        // gibt 5 zurück
myString.indexOf( 'rl' );       // gibt 3 zurück
myString.lastIndexOf( 'e' );    // gibt 12 zurück
myString.indexOf( 'x' );        // gibt -1 zurück
```

Die Methode slice() (engl.: das Stück) gibt Teile eines Strings zurück. Sie nimmt ein oder zwei Parameter (oder Argumente) an. Wenn nur ein einzelner Parameter verwendet wird, wird es wie »von« gedeutet, d.h. die Methode gibt einen Teilstring von dieser Position bis zum Ende des Strings zurück. Dieser einzelne Parameter kann positiv (fängt am Anfang des Strings an zu zählen) oder negativ (fängt am Ende an zu zählen) sein. Hier sind einige Beispiele:

```
myString = 'abcdef';
myString.slice( 2 );     // gibt 'cdef' zurück
myString.slice( -2 );    // gibt 'ef' zurück
```

Wenn slice() mit zwei Parametern benutzt wird, wird das erste als Anfangswert gedeutet, und das zweite ist der (nicht eingeschlossene) Endwert. Das erste muss positiv sein, das zweite kann negativ sein. Wieder veranschaulichen dies ein paar Bei-spiele:

```
myString = 'abcdefg';
myString.slice( 1, 3 );    //gibt 'bc' zurück
myString.slice( 1, -2 );   //gibt 'bcde' zurück
```

Es gibt mehr Methoden zum Bearbeiten von Strings, als hier besprochen werden können, aber wir werden an anderer Stelle weitere Beispiele sehen. Für eine umfassende Besprechung aller String-Methoden und Details sowie zusätzliche Beispiele sei auf die JavaScript-Quellen, die in diesem Kapitel oben erwähnt wurden, verwiesen.

Strings und Zahlen

Strings und Zahlen sind zwei sogenannte *Datentypen* von JavaScript (wir beschäftigen uns mit einem anderen Datentyp, Array, im folgenden Abschnitt). Im Gegensatz zu Sprachen wie Delphi, C++ und Visual Basic wird JS locker typisiert. Das bedeutet, dass Sie nicht im Vorhinein festlegen müssen, dass eine Variable verwendet werden soll, um einen String zu speichern, zu nummerieren oder in ein Array zu fassen. Sie können den Typ einer Variablen sogar ohne negative Konsequenzen, also straffrei ändern:

```
var num = 4;       //num beinhaltet eine Zahl
...
num = 'bear';      //num sichert einen String
```

Strings werden von Anführungsstrichen eingeschlossen, Zahlen nicht. Das bedeutet, dass 4 eine Zahl ist, aber '4' ein String (Sie können einfache oder doppelte Anführungsstriche verwenden). Es ist manchmal notwendig, eine Zahl in einen String oder einen String in eine Zahl umzuwandeln. Beispielsweise muss der Inhalt jedes beliebigen Texts ein String sein; wenn Sie also den Wert einer numerischen Variablen bspw. in eine Tabellenzelle einfügen wollen, müssen Sie diesen Wert in einen String umwandeln. Hier ist ein Beispiel:

```
var num = 4;
myCell.contents = String( num );
```

Andererseits wird Text, wenn Sie ihn aus einer Tabellenzelle lesen, als Text zurückgegeben, selbst wenn er wie eine Zahl aussieht. Bevor Sie also irgendeine Berechnung durchführen wollen, müssen Sie ihn in Zahlen umwandeln:

```
var a = myColumn.cells[1].contents;
var b = myColumn.cells[2].contents;
sum = Number( a ) + Number( b );
```

Wenn beispielsweise a den String '4' speichert und b den String '9', ist das Ergebnis der Addition der String '49', nicht die Zahl 13. Die Number()-Funktion kann auch verwendet werden, um einen Unicode-Wert – der im Grunde genommen ein String ist – in einen dezimalen Wert umzuwandeln. Der Code

```
var dec = Number( 0x0259 )
```

gibt den Dezimalwert des Unicode-Werts 0259 zurück.

Bei der Erkundung des ESTK haben Sie gesehen, dass Sie den Typ eines Objekts anzeigen lassen können, indem Sie dieses Objekt auswählen und die Zeile app.selection[0] ausführen. Dieses zeigt jedoch nur den Typ von InDesign-Objekten an, und Sie können mit den Ergebnissen nicht viel anfangen – wie etwa der Durchführung eines Tests. Der Typ eines Gegenstands kann in allgemeiner Form über die Eigenschaft constructor.name festgestellt werden. Dies macht man so:

```
app.selection[0].constructor.name;
```

Dies ist deswegen eine bessere Methode, weil sie Ihnen erlaubt, außerdem Ihre eigenen Variablen zu überprüfen. Wenn Sie z.B. diese Zeilen im ESTK ausführen, wird String ausgegeben:

```
var s = 'Nonsense';
s.constructor.name;
```

Da Sie ein Skript meist mit einem bestimmten Typ eines Objekts laufen lassen möchten, ist diese Typüberprüfung bestens dazu geeignet, Skripten davon abzuhalten, Verwüstung in einem Dokument anzurichten. Der folgende Test z.B. stellt sicher, dass einzufügender Text nur an einem Einfügepunkt eingefügt wird und nicht etwa eine größere Auswahl von Text überschreibt:

```
if( app.selection[0].constructor.name ==
    'InsertionPoint' )    // Rest des Skripts
```

Strings und Zahlen

Um auf den Unterschied zwischen Zahlen und Strings zurückzukommen: Verwenden Sie Folgendes zur Prüfung, ob das Einzufügende auch tatsächlich ein String ist:

```
if( myVar.constructor.name == 'String' )
   // und so weiter
```

Arrays

Arrays sind ein anderer häufig verwendeter Datentyp in JavaScript. Es handelt sich dabei um eine Listen von Zahlen, von Strings oder von Objekten. Jede mögliche Liste mit Einzelelementen, die durch Kommata getrennt und von eckigen Klammern umgeben sind, ist ein Array. Sie definieren ein neues Array einfach, indem Sie etwas wie das Folgende angeben:

```
var myNames = ['Maria', 'Philipp', 'Laura', 'Fin'];
```

Einzelne Elemente eines Arrays werden über den Namen des Arrays gefolgt von einem Index in eckigen Klammern adressiert. So ist `myNames[0]` `'Maria'`, und `myNames[3]` ist `'Fin'` (denken Sie daran, dass JS bei null anfängt zu zählen).

Es gibt eine Menge nützlicher Methoden, um Arrays zu bearbeiten, von denen wir nur einige, die uns besonders brauchbar erscheinen, erwähnen. Die Länge eine Arrays (d.h. die Zahl der Elemente in einem Array) wird durch `length` übermittelt. So gibt `myNames.length` den Wert 4 zurück.

Arrays können sortiert werden:

```
myNames.sort();
```

Arrays können zu einem String zusammengefasst werden:

```
myString = myNames.join('|');
```

Die obige Zeile stellt einen einzelnen String mit den Namen her, die durch einen senkrechten Strich getrennt werden (sie können ohne irgendeinen trennenden Buchstaben oder eine

Zeichenkette verbunden werden, indem Sie `join('')`, das heißt einen leeren String, verwenden). Das Gegenstück von `join()` ist auch nützlich. Zum Beispiel kann der String `myString`, den wir gerade erzeugt haben, wie folgt in eine Zeile aufgespalten werden:

```
myArray = myString.split('|');
```

Diese beiden Methoden haben viele Einsatzmöglichkeiten in InDesign. Beispielsweise ergibt sich der Name einer Tabellenzelle aus der Spalten- und der Zeilenzahl, die durch einen Doppelpunkt voneinander getrennt werden. So würde mit einer Bezugnahme auf eine Zelle `myCell.name` der String `'4:1'` zurückgegeben, wenn es die fünfte Zelle in der zweiten Zeile ist. In InDesign können Sie die Spalten- und die Zeilenzahl einer ausgewählten Zelle so herausfinden:

```
//Bezugnahme auf die Zelle
var myCell = app.selection[0].parent;

if( myCell.constructor.name == 'Cell' )
{
   var myColumn = myCell.name.split(':')[0];
   var myRow = myCell.name.split(':')[1];
}
```

Um ein Array mit zwei Elementen zu erhalten, trennen Sie den Namen der Zelle am Doppelpunkt; das erste Element ist die Spaltenzahl, und die zweite ist die Zeilenzahl.

Eine andere nützliche Anwendung von `split()` und von `join()` ist die Verarbeitung von Absätzen in einem Textrahmen. Um zu sehen, wie das geht, erstellen Sie ein neues InDesign-Dokument, erzeugen einen Textrahmen, der groß genug ist, um ein halbes Dutzend Namen aufzunehmen, und schreiben eine Liste mit sechs Namen, pro Zeile einen. Wählen Sie den Textrahmen oder platzieren Sie den Cursor irgendwo in der Liste. Das folgende Skript sortiert die Liste alphabetisch:

```
// prüfe, ob ein Textabschnitt ausgewählt ist
if( app.selection[0].parentStory.constructor.name !=
     'Story' )
   exit();
// erzeuge ein Array mit Absätzen, indem sie
// durch Absatzschaltungen getrennt werden
myArray = app.selection[0].parentStory.
     contents.split('\r');
// sortiere das Array
myArray.sort();
// verknüpfe das Array zu einem String, der durch
// Absatzschaltungen getrennt ist
myString = myArray.join('\r');
// ersetze den Inhalt des ausgewählten Textabschnitts
// durch myString
app.selection[0].parentStory.contents = myString;
```

Eine Liste mit Absätzen in InDesign ist in Wirklichkeit ein langer String mit Absatzmarken (d.h. Returns/Enters), die das trennen, was wir als einzelne Absätze wahrnehmen. Folglich erzeugen wir ein Array mit Absätzen, wenn wir diesen String an den Absatzschaltungen (`'\r'`) aufspalten (wir benötigen ein Array, da wir einen String nicht sortieren können). Wir sortieren dann dieses Array und stellen einen neuen String her, indem wir die sortierte Reihe mit Return (d.h. Absatzmarken) verbinden (wir müssen einen String herstellen, weil wir einen Textrahmen nur mit Strings füllen können, nicht mit Arrays). Wir füllen dann den Inhalt des Textabschnitts mit dem neuen String.

Andere nützliche Array-Methoden sind `concat()`, `push()`, `shift()` und `pop()`. `concat()` verkettet zwei Arrays. Gibt es z.B. zwei Arrays, `myFirst` und `mySecond`, kann der zweite mit dem ersten wie folgt verkettet werden:

```
var myFirst = ['Bleistift','Papier'];
var mySecond = ['Tastatur','Diskette'];
var myFirst = myFirst.concat( mySecond );
```

Das zurückgegebene Array ist `['Bleistift', 'Papier', 'Tastatur', 'Diskette']`. Sie können am Ende eines

Arrays ein Element hinzufügen, indem Sie `push()` verwenden. `myFirst.push('Schreibtisch')` gibt `['Bleistift','Papier','Tastatur','Diskette','Schreibtisch']` zurück.

Mit `shift()` können Sie das erste Element eines Arrays löschen. `pop()` löscht das letzte Element. Die folgenden beiden Zeilen löschen das erste und das letzte Element eines Arrays:

```
first = myFirst.shift();
last = myFirst.pop();
```

Nach Ausführung dieser beiden Zeilen sichert `first` »Bleistift«, und `last` sichert »Schreibtisch«. Das Array beinhaltet damit folgende drei Elemente:

```
['Papier','Tastatur','Diskette']
```

Arrays vs. Sammlungen

Früher, besonders während wir das Objektmodell erkundeten, haben wir uns mit Sammlungen beschäftigt. Hier sind weitere Beispiele für Sammlungen:

```
myPages = app.activeDocument.pages;
myCStyles = app.activeDocument.characterStyles;
```

Wir haben auch gesehen, dass Einzelteile in den Sammlungen mit Indizes adressiert werden können und dass die Größe einer Sammlung mit `length` ermittelt werden kann:

```
app.activeDocument.pages[2];
app.activeDocument.pages.length;
```

Was unterscheidet nun Sammlungen und Arrays im Wesentlichen voneinander? Es bestehen zwei Unterschiede: Der erste ist, dass Sammlungen vom Ende her adressiert werden können, indem man negative Indizes verwendet, was mit Arrays (Reihen) nicht möglich ist. So adressiert `app.activeDocument.pages[-1]` die letzte Seite im aktiven Dokument, aber Sie können nicht das letzte Element in unserer Namensreihe mit `myNames[-1]` adressieren. Zweitens haben die meisten Dinge in InDesign einen Namen oder können einen erhalten, indem sie ein Label zuweisen. Um z.B. ein bestimmtes Zeichenformat zu adressieren, könnten Sie die `item()`-Funktion verwenden:

```
app.activeDocument.characterStyles.item( 'Emphasis' );
```

um sich auf ein bestimmtes Zeichenformat zu beziehen. Dies ist in Arrays nicht möglich.

Gleichzeitig können Sammlungen wie Arrays verarbeitet werden, indem sie Indizes verwenden:

```
for( i = 0; i < app.activeDocument.characterStyles.
    length; i++ )
  doSomething( app.activeDocument.
              characterStyles[i] );
```

Der Vollständigkeit halber sei erwähnt, dass die `item()`-Funktion wie ein Index verwendet werden kann; die folgenden beiden Zeilen sind gleichwertig:

```
app.activeDocument.pages[2]
app.activeDocument.pages.item(2)
```

Welche der beiden Formate Sie verwenden, ist reine Geschmackssache.

Operatoren

Es gibt einige Operatoren in JS, die wir in den folgenden Abschnitten kurz umreißen.

Arithmetische Operatoren

Die Rechenoperatoren beinhalten Folgendes:

- \+   Addition (und Verbinden von Strings)
- –   Subtraktion

- `*` Multiplikation
- `/` Division
- `%` Modulo (Restrechnung)
- `++` Erhöhung (Inkrement)
- `--` Minderung (Dekrement)

Der Plusoperator (+) wird gewöhnlich verwendet, um Zahlen zu addieren und Strings zu verbinden (4 + 5 gibt die Nummer 9 zurück; 'dies' + 'und' + 'das' den String "dies und das"). Zu Multiplikation und Division brauche ich nichts zu sagen, sie verhalten sich wie gewohnt. Der Modulooperator ist ein Divisionsoperator, aber an Stelle des Quotienten gibt er den Rest der Division zurück. In InDesign ist dies ein nützlicher Operator, da er Ihnen erlaubt festzustellen, ob ein Gegenstand auf einer geraden oder einer ungeraden Seite ist: Wenn myPageNumber % 2 eine 0 zurückgibt, ist die Seite gerade; wenn sie 1 zurückgibt, ist die Seitenzahl ungerade. Der Rest von 5 % 2 ist z.B. 1. Der Erhöhungsoperator, wie in i++, kürzt die Operation i = i + 1 ab (der Verminderungsoperator arbeitet in einer ähnlichen Weise für die Minderung der entsprechenden Subtraktionsoperation).

JavaScript hat viele mathematische Operatoren im Math-Objekt. Einige von ihnen sind extrem praktisch und werden häufig verwendet. Um z.B. den größeren von beiden Werten zu erhalten, nehmen Sie Folgendes (vorausgesetzt, dass die zwei Variablen myVar1 und myVar2 einen Wert zugewiesen bekommen haben):

```
var myLargest = Math.max( myVar1, myVar2 );
```

Eine andere Math-Objekt-Funktion in JavaScript ist max. Diese spezielle Funktion ist sehr nützlich, wie wir sehen werden. Für Details und weitere Beispiele zum Math-Objekt schauen Sie bitte in die Quellen, die oben erwähnt sind.

Zuweisungsoperatoren

Der wichtigste Zuweisungsoperator ist =. Er wird verwendet, um einer Variablen einen Wert zuzuweisen. Oben haben wir einige Beispiele dafür gesehen – zum Beispiel am Ende des letzten Absatzes, in dem der größere Wert von zwei Variablen der Variablen myLargest zugewiesen wurde. Ein nützlicher komplexer Zuweisungsoperator ist +=, hier dargestellt:

```
newstring += nextChar;
```

Diese Zeile kürzt newstring = newstring + nextChar ab. Somit ist += ein Operator, der Addition/Subtraktion und Zuweisung kombiniert. Sie könnten grundsätzlich ohne ihn leben, aber er ist tatsächlich nützlich.

Vergleichsoperatoren

Es gibt sechs Vergleichsoperatoren:

==   gleich

!=   ungleich

\>   größer

<   kleiner

\>=   größer oder gleich

<=   kleiner oder gleich

Beachten Sie, dass die Operatoren = und == unterschiedlich sind. Der erste ist der Zuweisungsoperator, der verwendet wird, um einer Variablen einen Wert zuzuweisen. Der zweite ist der Vergleichsoperator, der verwendet wird, um zu überprüfen, ob zwei Variablen den gleichen Wert haben (oder nicht) oder ob eine Variable einen bestimmten Wert hat (oder nicht), wie im folgenden Code veranschaulicht.

```
//wenn myString den String 'Unsinn' sichert
if( myString == 'Unsinn' )
    doSomething();
```

```
//wenn die aktuelle Auswahl nicht vom Typ Text ist
if( app.selection[0].constructor.name != 'Text' )
   exit();
```

Die restlichen Vergleichsoperatoren benötigen keine nähere Erläuterung.

Boolesche Operatoren

Die drei Booleschen Operatoren sind:

&& und

|| oder

!   Negation

Im ersten Beispiel unten wird die Funktion doSomething() nur dann aufgerufen, wenn zwei Variablen bestimmte Werte haben. Das zweite Beispiel führt eine Funktion aus, wenn die aktuelle Auswahl ein Textrahmen oder ein Einfügepunkt ist:

```
if( myString == 'Unsinn' && hisString == 'fröhlich' )
   doSomething()
mySelectionName = app.selection[0].constructor.name
if( mySelectionName == 'Textframe' ||
   mySelectionName == 'InsertionPoint')
      doSomething()
```

Der Negationsoperator kann auf zweierlei Art verwendet werden. Oben haben wir ihn als Teil eines Vergleichsoperators gesehen. Wird er als Negator verwendet, wird er vor das Wort gesetzt, das er verneint. Nehmen wir zum Beispiel die Boolesche Variable myCheck (d.h. eine, die nur den Wert true oder false haben kann), ihren Wert überprüfen Sie wie folgt:

```
if( !myCheck )
   exit()
```

Das bedeutet »wenn nicht myCheck«. Dies ist das Gleiche wie if(myCheck == false), was vielleicht etwas besser zu verstehen ist.

Anweisungen

Unter diese Überschrift fallen diverse Steuerungsanweisungen für Prüfungen (if, switch), Schleifen durch Arrays und Sammlungen (for, while) und eine allgemeine Anweisung with. Wir wiederholen sie kurz der Reihe nach.

if

Bedingte if-Anweisungen werden verwendet, um einen Zustand zu prüfen und das Skript in eine bestimmte Richtung zu lenken. Die folgenden Zeilen prüfen, ob irgendetwas ausgewählt ist; wenn nicht (d.h., wenn die Länge der Auswahl null ist), unterbricht das Skript:

```
if( app.selection.length == 0 )
   exit();
```

Wenn der Körper der if-Anweisung aus mehr als einer Zeile besteht, muss er in geschweifte Klammern eingebunden werden (viele Skripter schreiben tatsächlich selbst einzelne Zeilen in Klammern):

```
if( app.selection.length == 0 )
{
   alert( 'Bitte wählen Sie etwas aus und
          versuchen Sie es erneut.' );
   exit()
}
```

Es ist möglich, eine else-Anweisung zu verwenden, um genau anzugeben, was getan werden sollte, falls die Bedingung nicht erfüllt wird:

```
if( app.selection[0].parent.constructer.name == 'Cell' )
   alert( 'Zelle' );
else
   alert( 'Keine Zelle' );
```

Mehrere if- und else-Anweisungen sind möglich, aber es ist fast einfacher, eine switch-Anweisung zu schreiben (siehe unten).

`if`-Anweisungen können verschachtelt werden:

```
if( app.selection.length > 0 )
   if( app.selection[0].parent.constructer.name ==
       'Cell' )
     alert( 'Zelle' )
   else
     alert( 'Keine Zelle' );
```

Die erste Zeile ist eine allgemeine Überprüfung, ob überhaupt etwas ausgewählt ist.

switch

Manchmal gilt es, zwischen verschiedenen Möglichkeiten zu wählen. In solchen Fällen kann eine aufwendige `if`-Anweisung lästig werden, und dann ist es Zeit, sich mit der `switch`-Anweisung zu beschäftigen. Ein Beispiel:

```
var mySelection = app.selection[0];
switch( mySelection.constructor.name )
{
   case 'Character' : doCharacter( mySelection );
        break;
   case 'Word' : doWord( mySelection ); break;
   case 'Line' : doLine( mySelection); break;
   default : alert( 'Keine gute Auswahl.' ); exit()
}
```

Am Ende jeder Zeile müssen Sie das reservierte Wort `break` hinzufügen, um zu verhindern, dass weitere Anweisungen durchgeführt werden. Wenn Sie die Breaks auslassen, einen Buchstaben auswählen und das Skript starten, würde es alle drei Funktionen ausführen und schließlich die Nachricht »Keine gute Auswahl« anzeigen. Die `default`-Bestimmung wird ausgeführt, wenn keine der Bedingungen in den drei `case`-Anweisungen erfüllt wurde.

for

`for`-Schleifen werden benutzt, um Sammlungen und Arrays zu verarbeiten. Das folgende Skript wandelt alle Elemente eines Arrays in Versalien um:

```
var myNames = ['Maria', 'Philipp', 'Laura', 'Fin'];
for( var i = 0; i < myNames.length; i++ )
    myNames[i] = myNames[i].toUpperCase()
```

Die `for`-Schleife hat immer drei Parameter. Der erste ist der Anfangswert (oder Initialisierungswert), der zweite der Schlusswert, und der dritte ist der Schrittwert. Im oben genannten Beispiel bedeutet die `for`-Schleife »starte bei null und ende an dem Wert, der der Länge des Arrays entspricht, erhöhe dabei jeweils um 1«. Sie können andere Schrittwerte angeben. Beispielsweise gibt der folgende Code:

```
for( var i = 0; i < 10; i = i + 2 )
    $.writeln( i );
```

die Nummern 0, 2, 4, 6 und 8 in der Konsole aus. Aus Gründen, die später klarer werden, müssen Sie in InDesign häufig Dokumente von hinten nach vorne verarbeiten. In diesem Fall können Sie einen negativen Schrittwert verwenden. Dieser Ansatz ist erforderlich, wenn Sie die Absätze in einem Textabschnitt verarbeiten, Text hinzufügen oder löschen (wir werden mehr Beispiele davon sehen, wenn wir anfangen, Text zu bearbeiten). Um am Anfang jedes Absatzes in einem Textabschnitt `myStory` ein Sternchen einzusetzen, sieht die Von-hinten-nach-vorne-Schleife so aus:

```
for( var i = myStory.paragraphs.length-1; i >= 0; i-- )
    myStory.paragraphs[i].insertionPoints[0].contents =
        '*'
```

Tatsächlich arbeiten einige Skripter mit InDesign-Objekten stets von hinten nach vorne, um auf der sicheren Seite zu sein, und es spricht viel für diesen Ansatz. Beachten Sie, dass JS bei null zu zählen anfängt: Wenn Sie bei `myStory.paragraphs.length` starten, verursachen Sie einen Fehler, da es ein Index ist, der sich auf ein Element außerhalb der Sammlung bezieht; Sie müssen bei `myStory.paragraphs.length-1` beginnen.

while

Wie `for`-Schleifen können auch `while`-Schleifen benutzt werden, um durch Sammlungen, Arrays und Strings zu gehen. Der Unterschied zwischen den beiden Schleifenarten ist, dass Sie bei der `for`-Schleife die Länge dessen, was Sie verarbeiten, kennen müssen. Mit `while`-Schleifen ist dies nicht notwendig. Sie werden jedoch wahrscheinlich eher `for`-Schleifen verwenden, da die meisten Schleifen in Sammlungen und Arrays gemacht werden – und bei diesem Objekttyp kennen Sie die Länge. `for`-Schleifen sind meist deswegen die erste Wahl, weil sie ein wenig einfacher zu schreiben sind.

Aber es gibt Situationen, in denen Sie vorher nicht wissen, wie oft etwas erfolgen muss. Zum Beispiel kann eine Auswahl des Texts zahlreiche aufeinanderfolgende Leerstellen enthalten (viele Leute haben die Tabulatortaste oder den Absatzeinzug noch nicht entdeckt). Da diese Leerstellen in ihrer Zahl schwanken, können Sie nicht vorher sagen, wie viele von ihnen dort sind. Um jede Folge von Leerzeichen auf genau ein Leerzeichen zu verringern, verwenden Sie das folgende Skript in InDesign 5:

```
// InDesign CS3
app.findTextPreferences = app.changeTextPreferences =
    null;
app.findTextPreferences.findWhat = '  ';
app.changeTextPreferences.changeTo = ' ';
// führe einen Ersetzevorgang einmal aus
var sp = app.activeDocument.changeText().length;
// ersetze sie mit einem einzelnen Leerzeichen,
// solange (while) es mehrere aufeinanderfolgende
// Leerzeichen gibt
while( sp > 0 )
    var sp = app.activeDocument.changeText().length;
```

Der Code für InDesign 4 lautet:

```
// InDesign CS2
app.findPreferences = app.changePreferences = null;
// führe einen Ersetzevorgang einmal aus
var sp = app.activeDocument.search( ' ', false,
    false, ' ' ).length;
// ersetze sie mit einem einzelnen Leerzeichen,
// solange (while) es mehrere aufeinanderfolgende
// Leerzeichen gibt
while( sp > 0 )
   var sp = app.activeDocument.search( ' ', false,
       false, ' ' ).length;
```

In einem ersten Durchgang durch das Dokument ersetzen wir zwei Leerzeichen durch genau eins, wobei wir in `var sp` die Häufigkeit der Änderung aufzeichnen. Solange der Wert von `sp` größer als 0 ist, fahren wir fort, zwei Leerzeichen durch eines zu ersetzen. Am Schluss werden keine mehrfach aufeinanderfolgenden Leerzeichen im Dokument sein, was dazu führt, dass die Variable sp null wird. Wenn das passiert, ist sp > 0 nicht mehr zutreffend, und das Skript wird beendet. (Kapitel 6, »Suchen und Ersetzen«, behandelt das Thema im Detail.)

Vorsicht: Sie müssen sichergehen, dass `while`-Anweisungen wirklich prüfen, was im Körper geschieht, damit das Skript richtig beendet werden kann. Wenn nicht, wird sich Ihr Skript in einer endlosen Schleife verfangen, was bedeutet, dass es nie aufhört. Sie müssen folglich Skripten mit `while`-Schleifen testen und sie vom ESTK aus laufen lassen, damit Sie das Skript abbrechen können, wenn etwas falsch läuft. Ein Skript, das Sie von der Indexpalette laufen lassen, kann nicht abgebrochen werden; die einzige Möglichkeit, es zu stoppen, ist, InDesign abzuschießen.

---

with

Sie könnten ohne `with`-Anweisungen leben, aber sie ermöglichen es, Skripten einfacher zu schreiben und zu lesen. Nehmen wir an, dass Sie mit einem Verweis `myCell` auf eine

Tabellenzelle alle Einfügungen auf null stellen möchten. Sie könnten das so machen:

```
myCell.topInset = 0;
myCell.bottomInset = 0;
myCell.leftInset = 0;
myCell.rightInset = 0;
```

Diese Zeilen können als with-Anweisung folgendermaßen formatiert werden:

```
with( myCell )
{
   topInset = 0;
   bottomInset = 0;
   leftInset = 0;
   rightInset = 0;
}
```

Kapitel 7, »Tabellen«, hat mehrere Beispiele dieses Konstruktionstyps.

Funktionen

Funktionen sind Teile des JS-Codes, die häufiger durchgeführt werden können. In diesem Sinne sind sie Skripten innerhalb von Skripten. Eine einfache Funktion sieht so aus:

```
function showMessage()
{
   alert( 'Message' );
}
```

Diese einfache Funktion kann überall im Skript aufgerufen werden:

```
showMessage()
```

Funktionen können den Zeilen, von denen sie aufgerufen werden, vorangehen oder ihnen folgen (showMessage() im Beispiel). So gibt das folgende Skript in der ESTK-Konsole die Nachricht zweimal aus:

```
showMessage()
function showMessage()
{
    $.writeln('Unsinn');
}
showMessage()
```

Die Zeile `$.writeln` veranlasst, dass die Ausgabe in der Konsole und nicht in einem Dialogfenster angezeigt wird.

In den Skripten mit mehr als einer Funktion können die Funktionen in jeder beliebigen Reihenfolge stehen. An Funktionen können Argumente (oder Parameter) übergeben werden. Dies ist ein Beispiel:

```
showMessage( 'Etwas für die Konsole' )
function showMessage( m )
{
    $.writeln( m );
}
```

In diesem Beispiel wird die Funktion mit einem String aufgerufen (»Etwas für die Konsole«), die über eine Variable (m) dem Funktionskörper übergeben wird. Die Namen der Variablen, die Sie als Funktionsparameter verwenden, unterliegen den gleichen Regeln wie die jeder anderen möglichen Variablen.

Funktionen können definiert werden, um auf zweierlei Art zu funktionieren. Entweder sie tun einfach etwas, wie in den Beispielen oben angegeben (eine Nachricht anzeigen), oder sie geben einen Wert zurück. Als Beispiel einer Funktion, die einen Wert zurückgibt, gibt das folgende Skript den Prozentwert einer Zahl von einer anderen in der ESTK-Konsole zurück (hier: wieviel Prozent ist 9 von 50):

```
var pct = percentOf( 9, 50 )
$.writeln( pct)
function percentOf( x, y )
{
    return ( x * 100 ) / y
}
```

JavaScript erlaubt alle Arten von Abkürzungen; einige führen zu undurchsichtigen Skripten, aber andere sind häufig nützlich. Eine solche Abkürzung ist der Gebrauch von einem Funktionsaufruf als Argument. Im Skript oben z.B. können die zwei Zeilen zu einer kombiniert werden:

```
$.writeln( percentOf( 3, 4 ) )
```

Je mehr Skripten Sie schreiben, umso häufiger werden Sie erleben, wie sich mehr und mehr Codeteile ansammeln, die Sie immer wieder verwenden. Es ist nützlich, diese Codeteile in Form von Funktionen zu schreiben und sie zusammen in einer einzelnen Datei abzulegen. Diese Datei, die nur aus Funktionen besteht, kann in Ihre Skripten eingebunden werden. Wenn Sie also eine Datei haben, die *indesignLibrary.jsx* heißt, können Sie diese in Ihr Skript mit der folgenden Zeile am Anfang des neuen Skripts einbinden:

```
#include indesignLibrary.jsx
```

Übrigens: Sie können jede beliebige Erweiterung verwenden; es muss nicht *.jsx* sein.

Interaktion mit dem Anwender

JS hat einen sehr einfachen eingebauten Dialog, um dem Benutzer während der Ausführung eines Skripts eine Eingabe zu ermöglichen. Dieser heißt `prompt()`. In seiner einfachsten Form wird er so verwendet:

```
var myInput = prompt();
```

Die `prompt()`-Funktion nimmt bis zu drei Argumente auf. Als Beispiel zeigen die folgenden Zeilen den Dialog in Abbildung 4-1:

```
var myInput = prompt( 'Geben Sie bitte einen Namen
                ein', 'Johannes', 'Name');
```

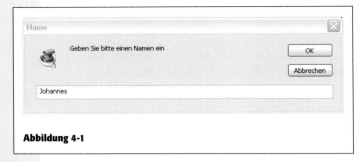

Abbildung 4-1

Obwohl alle diese Parameter optional sind, ist es besser, Sie verwenden zwei Anführungsstriche ("), um einen leeren String zu bezeichnen, wenn Sie einen Parameter übergehen wollen; andernfalls gibt der Dialog undefined für die Nachricht und die Eingabeaufforderung und eine allgemeine Bezeichnung für den Titel des Dialogfensters aus. Der zweite Parameter (im Beispiel 'Johannes') erscheint als Vorgabewert im Eingabefeld; Sie können, was Sie wollen, ins Eingabefeld schreiben. Wenn Sie auf *OK* klicken oder Return/Enter betätigen, wird der Inhalt der Variablen myInput übergeben.

Bevor Sie etwas mit dem zurückgegebenen Wert machen, müssen Sie überprüfen, ob der Benutzer *Abbrechen* angeklickt oder *Esc* gedrückt hat. Wenn der Benutzer den Dialog damit abgebrochen hat und Sie dies nicht überprüfen, stürzt das Skript in dem Moment ab, in dem Sie auf die Variable zugreifen. Sie können dies folgendermaßen kontrollieren:

```
if( myInput == null )
   exit();
```

Kommt das Skript an diesem Punkt vorbei, wissen Sie, dass der Benutzer den OK-Button angeklickt oder Enter/Return gedrückt hat. Jetzt können Sie die Variable bedenkenlos adressieren.

Auf der Ausgabeseite können Sie jede mögliche Rückmeldung zum Benutzer über die Funktion `alert()` vornehmen, von der Sie bereits einige Beispiele gesehen haben, oder Sie können für die Ausgabe in der Konsole schreiben. Solange ich kein Skript für andere schreibe, ziehe ich es aus drei Gründen vor, Ausgaben über die Konsole laufen zu lassen. Erstens verschwindet der Alert in dem Moment, in dem der User weiterarbeitet, während das, was Sie in die Konsole schreiben, dort stehen bleibt. Zweitens können Sie den Inhalt der Konsole kopieren und an anderer Stelle einfügen. Und schließlich ist die Konsole scrollbar. Es gibt Listen, die nicht in ein Alert-Fenster passen würden, aber in der Konsole Platz finden.

Unicode-Zeichen

InDesign und JavaScript sind völlig Unicode-kompatibel, was nützlich ist, obwohl sie leider eine erstaunliche Anzahl von unterschiedlichen Formaten verwenden. Nehmen Sie zum Beispiel den Buchstaben `00E9`, das e mit einem Akut (é). Das für diesen Buchstaben erforderliche Format hängt davon ab, wo Sie ihn benutzen oder sehen:

Die Infopalette zeigt diesen Buchstaben als `0xE9` (die Infopalette spart die führenden Nullen aus).

In InDesigns *Suche/Ersetze*-Dialog müssen Sie `<00E9>` eingeben.

In Tagged-Text-Dateien brauchen Sie `<0x00E9>`.

Um einen Unicode-Wert in einen dezimalen Wert umzuwandeln, müssen Sie `0x00E9` verwenden, wie in `Number('0x00E9')` (die Anführungsstriche sind hier optional).

Sie können den Unicode-Wert eines Zeichens über die `escape()`-Funktion ausgeben, die wieder ein anderes Format verwendet. Zum Beispiel gibt `escape('é')` `%u00E9` zurück. Um einen Unicode-Wert in Text umzuwandeln, verwenden Sie `unescape('%u00E9')`.

Um ein Unicode-Zeichen in einem InDesign-Dokument per Skript einzugeben, müssen Sie `'\u00E9'` oder `unescape('%u00E9')` verwenden.

Aber lassen Sie uns nicht stöhnen, es könnte noch schlimmer sein; schließlich unterscheidet keines der Formate die Groß-/Kleinschreibung.

Trotz seiner umfassenden Unicode-Kompatibilität bietet InDesign merkwürdigerweise keine Möglichkeit, Buchstaben über ihre Unicode-Werte einzutragen. Hier ist ein kleines Skript, das diese erstaunliche Lücke in InDesigns Benutzeroberfläche schließt (Details zur `prompt()`-Funktion wurden im vorigen Abschnitt behandelt):

```
// Abbruch, wenn nicht an einem Einfügepunkt
if( app.selection[0].constructor.name !=
    'InsertionPoint' )
    exit();
// zeige eine Eingabeaufforderung an, um vom Benutzer
// einen Wert zu erhalten
var uni = prompt( 'Vierstelliger Unicode-Wert:', '' );
// prüfe, ob der Benutzer etwas eingegeben hat und
// ob dessen Länge 4 ist
if( uni != null && uni.length == 4 )
    app.selection[0].contents = unescape( '%u' + uni );
```

Skripten ausführen

Bis jetzt haben wir Skripten innerhalb vom ESTK ausgeführt, indem wir *Run* aus dem Debug-Menü wählen oder Ctrl+R (Mac) bzw. F5 (Windows) drückten. Zum Ausführen eines Skripts benötigen Sie das ESTK nicht zwingend. Sobald ein Skript fertig ist, können Sie es in InDesign über die Skriptpalette (*Fenster → Automatisierung → Skripten*) ausführen. Wenn Ihre Skriptsammmlung allerdings wächst, wird das Ausführen von dieser Palette immer lästiger. Es gibt zwei Dinge, die Sie tun können, um Skripten leichter auszuführen.

Zunächst sollten Sie die Skripten, die Sie häufig benutzen, mit einem Tastenkürzel belegen. Um einem Skript ein Tastenkürzel zuzuweisen, gehen Sie zur *Tastaturbefehle*-Palette (*Bearbeiten* → *Tastaturbefehle*). Im Produktbereich wählen Sie *Skripte*, um alle Skripten im *Befehle*-Fenster anzeigen zu lassen. Betätigen Sie eine Tastenkombination im Bereich *Neuer Tastaturbefehl*, wählen Sie einen Kontext und klicken Sie auf *Zuweisen* und *OK*, um den Dialog zu beenden. Mit Ausnahme der Umschalttaste können Sie einem Skript jede Tastenkombination zuweisen.

Die andere Option ist der Skript-Launcher (für InDesign CS2 und CS3), der unter *http://www.kahrel.plus.com/indesignscripts.html* zur Verfügung steht. Im Launcher geben Sie den Namen des Skripts ein, das Sie laufen lassen möchten, was ich für bequemer halte als das Herauspicken aus einer langen Liste. Zusätzlich bietet der Launcher eine History-Liste an, die es sehr einfach macht, ein Skript laufen zu lassen, das Sie erst vor Kurzem benutzt haben. Eine ausführliche Beschreibung des Launchers ist auf der Website vorhanden. Der Skript-Launcher ist selbst ein Skript; ich habe ihm eine Kurztaste zugewiesen, um ihn schnell zu starten.

Kapitel 5 # Mit Text arbeiten

Mit dem entsprechenden Wissen um das Objektmodell von InDesign, einigen Vorstellungen über Eigenschaften und genügend Kenntnissen in JavaScript sollten wir nun etwas Nützliches mit den Objekten von InDesign und deren Eigenschaften anstellen, vor allem im Hinblick auf die Textverarbeitung.

Text hinzufügen, ersetzen und löschen

Um beispielsweise einem Absatz Text hinzuzufügen, platzieren Sie den Cursor in einem InDesign-Dokument irgendwo in einen Absatz. Sie erinnern sich, dass jedes Textobjekt Einfügepunkte hat. Wenn Sie die Einfügemarke ganz an den Anfang des Absatzes setzen, wählen Sie damit tatsächlich den ersten Einfügepunkt des Absatzes aus, der in JavaScript `insertionPoint[0]` genannt wird (eigentlich ist die Anzahl der Einfügepunkte in einem Absatz gleich der Zahl an Zeichen plus 1, da es am Ende eines Absatzes ebenfalls einen Einfügepunkt gibt). Durch die Festlegung des Inhalts eines Einfügepunkts ergänzen Sie an diesem Punkt Text. Damit fügt die Zeile

```
app.selection[0].paragraphs[0].insertionPoints[0].
   contents = 'Dennoch '
```

den Text »Dennoch« sowie ein Leerzeichen am Anfang des ausgewählten Absatzes ein. Um ein Wort zwischen dem zweiten und dritten Wort einzufügen, gehen Sie folgendermaßen vor:

```
app.selection[0].paragraphs[0].words[1].
   insertionPoints[-1].contents = ' Murmeln'
```

Dies fügt ein Leerzeichen gefolgt von dem Wort »Murmeln« nach dem ersten Wort ein.

Etwas Vorsicht ist nötig, wenn Text am Ende eines Absatzes hinzugefügt werden soll. Um zu sehen, weshalb, wählen Sie einen Absatz und machen Folgendes:

```
app.selection[0].paragraphs[0].insertionPoints[-1].
   contents = ' letzte'
```

Rufen Sie sich ins Gedächtnis, dass [-1] das letzte Element in einer Sammlung bezeichnet. Deshalb ist `insertionPoints[-1]` der letzte Einfügepunkt eines Absatzes. Aber wenn Sie die obige Zeile ausführen, wird das Wort »letzte« nicht an das Ende des ausgewählten Absatzes gesetzt, sondern an den Anfang des folgenden. Warum das? Nun, das letzte »Zeichen« in einem Absatz ist die Absatzmarke (oder das Zeichen für eine harte Absatzschaltung), das Sie in InDesign sehen können, wenn Sie die verborgenen Zeichen einblenden. Deswegen müssen Sie das, was Sie an das Ende eines Absatzes setzen wollen, an `insertionPoints[-2]` einfügen.

Und überhaupt, was ist eigentlich mit dieser Absatzmarke? Ist sie ein normales Zeichen? So ist es tatsächlich; in JavaScript können Sie mit \r darauf verweisen. Das bedeutet, dass es recht einfach ist, einen neuen Absatz hinzuzufügen. Zum Beispiel baut die Zeile

```
app.selection[0].paragraphs[0].insertionPoints[0].
   contents = '\r'
```

einen neuen Absatz vor dem ausgewählten ein, indem es einfach ein Return/Enter-Zeichen einfügt; es passiert das Gleiche wie beim Drücken von Enter/Return.

Um den Text eines Objekts zu ersetzen, legen Sie dessen Inhalt fest. Zum Beispiel ersetzt die folgende Zeile

```
app.selection[0].paragraphs[0].words[3].contents =
    'neu';
```

den wie auch immer gearteten Inhalt des vierten Worts im ersten Absatz mit neu. Sie können den Inhalt (contents) von Textrahmen und Textabschnitten ebenfalls ersetzen:

```
app.selection[0].contents = 'Worte, meine Herrn,
    Worte.';
```

Wenn der Cursor irgendwo in einem Absatz steht (d.h., es ist ein Einfügepunkt ausgewählt), wird der Text einfach dort eingefügt. Ist aber ein Textrahmen ausgewählt, wird alles, was darin enthalten ist, gelöscht und durch den neuen Text ersetzt. Selbstverständlich müssen Sie sich davor schützen. Wie bereits weiter oben im Kapitel über JavaScript angedeutet, können Sie einfach prüfen, ob Sie das, was Sie im Begriff sind zu tun, auch wirklich tun sollten:

```
if( app.selection[0].constructor.name ==
    'InsertionPoint' )
  app.selection[0].contents = ' Worte, meine Herrn,
      Worte ';
```

Die erste Zeile prüft, ob die momentane Auswahl ein Einfügepunkt ist. Ist sie das nicht, sondern etwas anderes, wird die zweite Zeile nicht ausgeführt.

Um einen ganzen Textabschnitt zu ersetzen, führen Sie einfach Folgendes aus:

```
app.selection[0].parentStory.contents =
    'Neuer Textabschnitt.';
```

Dies ist ebenfalls folgenschwer: Es könnte Hunderte von Textseiten auf einen Schlag ersetzen.

Schließlich können Sie, um Text zu löschen, seinen Inhalt auf nichts setzen. Die folgende Zeile:

```
app.selection[0].paragraphs[0].words[1].contents = '';
```

setzt das zweite Wort des ausgewählten Absatzes auf »nichts« (d.h. einen leeren String).

Eine andere Möglichkeit, Text zu löschen, ist, das Objekt zu entfernen, anstatt seinen Inhalt auf nichts zu setzen. Hier ein Beispiel:

```
app.selection[0].paragraphs[0].words[1].remove();
```

Dies entfernt das zweite Wort des ausgewählten Absatzes. Im Gegensatz zu `contents`, einer Eigenschaft, ist `remove()` eine Methode.

Sonderzeichen einfügen

Wir sind bereits einem Sonderzeichen, der Absatzmarke, begegnet und haben bemerkt, dass es als `\r` eingefügt werden kann. Andere Sonderzeichen sind `\t` für ein Tabulatorzeichen und `\n` für eine erzwungene Zeilenschaltung. Freilich ist es einfacher, solche Zeichen über ihren Unicode-Wert einzufügen, nicht nur, weil alle Sonderzeichen auf diese Weise eingefügt werden können, sondern auch, weil es in InDesign so einfach ist, den Unicode-Wert zu finden. Um etwa den Unicode-Wert eines Tabulators zu finden, fügen Sie in einem InDesign-Dokument einen Tabulator ein, wählen ihn aus und blenden die Infopalette (F8 oder Informationen aus dem *Fenster*-Menü) ein. In der Mitte der Palette wird der Unicode-Wert des ausgewählten Zeichens dargestellt (im Fall des Tabulators ist dies *0x9*). Die ersten zwei Zeichen im Unicode-Wert (0x) sind lediglich eine Schreibkonvention; was Sie suchen, ist das, was hinter dem x steht – hier 9. Um diesen Unicode-Wert mit JavaScript einzufügen, gehen Sie folgendermaßen vor:

```
app.selection[0].contents = '\u0009';
```

Verwenden Sie `\u` anstelle von `0x` und füllen Sie den Wert mit Nullen auf vier Stellen auf (das Letztere spiegelt Unicode-Werte in der grafischen Benutzeroberfläche wider, wo

Sie diesen Wert als <0009> im *Suchen/Ersetzen*-Dialog) eingeben würden). Müssen Sie eine automatische Seitennummer über ein Skript einfügen? Geben Sie diese in einem InDesign-Dokument ein und lesen Sie deren Wert in der Infopalette: 0x18. In einem Skript verwenden Sie \u0018. Dieses Vorgehen funktioniert auch prima bei Zeichen mit Akzenten.

Lokale Formatierung von Text

Text zu formatieren bedeutet einfach, die entsprechenden Eigenschaften zu ändern. Um beispielsweise ein ausgewähltes Wort kursiv zu setzen, gehen Sie folgendermaßen vor:

```
if( app.selection[0].constructor.name ==
    'InsertionPoint' )
  app.selection[0].words[0].fontStyle = 'Italic';
```

Das kann noch intelligenter erledigt werden. Angenommen, wir haben Text ausgewählt und müssen eine größere Zahl an Wörtern und Sätzen kursiv setzen. Wir möchten ein einzelnes Wort genau dann kursiv setzen, wenn wir einen Einfügepunkt gewählt haben; haben wir aber beliebigen Text ausgewählt, möchten wir die gesamte Auswahl kursiv stellen. Dies kann mit folgendem Skript erreicht werden, das zusätzlich den Vorteil bietet, dass Sie ein Wort, das Sie kursiv setzen möchten, gar nicht direkt auswählen müssen; Sie brauchen nur den Cursor irgendwo im Wort zu platzieren.

```
if( app.selection[0].constructor.name ==
   'InsertionPoint' )
   app.selection[0].words[0].fontStyle = 'Italic';
else if( app.selection[0].constructor.name == 'Text' )
   app.selection[0].fontStyle = 'Italic';
```

Wir sind der ersten Zeile bereits oben begegnet. Sie prüft, ob wir einen Einfügepunkt ausgewählt haben. Wenn dies der Fall ist, wird das momentan ausgewählte Wort (z.B. das Wort, in dem sich der Cursor befindet) kursiv gesetzt. Wenn nicht, prüfen wir, ob die Auswahl Text ist, und ist das der Fall, wird alles, was wir ausgewählt haben, kursiv gesetzt. Beachten Sie, dass wir dem Text-Objekt bislang noch nicht begegnet sind. Sie haben ein Text-Objekt vorliegen, wenn die Auswahl in Ihrem Dokument kein Wort, keine Zeile oder Absatz, sondern mehrere Wörter oder Zeichen sind. (Wie können Sie wissen, dass so ein Objekt Text bezeichnet wird? Nun, Sie erinnern sich, dass das ESTK sehr mitteilsam ist: Wählen Sie ein paar Zeichen, führen Sie app.selection[0] in der Konsole vom ESTK aus, und es zeigt Ihnen den Objektnamen an.)

Im Skript oben sorgt die Zeile app.selection[0].fontStyle = 'Italic' dafür, dass der ausgewählte Text kursiv dargestellt wird. Beginnt Ihre Auswahl also mitten in einem Wort oder hört sie mitten in einem Wort auf, wird nur der ausgewählte Teil dieses Worts kursiv gesetzt. Um alle Wörter, die von der Auswahl betroffen sind, zu formatieren, geben Sie stattdessen folgende Zeile ein:

```
app.selection[0].words.everyItem().fontStyle =
   'Italic';
```

Das Skript ist damit aber immer noch nicht makellos. Wenn Sie einen Absatz ausgewählt haben, wird es nicht laufen, und mit einem ausgewählten Wort arbeitet es tatsächlich genauso wenig. Das werden wir später korrigieren. Aber die Idee sollte klar sein: Bevor Sie irgendetwas machen, sorgen Sie dafür, dass Ihr Skript kein Chaos in Ihrem Dokument anrichtet.

Mit einem Zeichenformat belegten Text formatieren

Text kann auch mit einem Zeichenformat gestaltet werden. Aber um das zu tun, müssen wir zunächst wissen, wie ein oder mehrere Zeichenformate anzusprechen sind. Wie Sie im InDesign Reference Guide bzw. im InDesign CS3 Object Model sehen können, sind Zeichenformate »children« (Kinder) der »application« (Anwendung, Programm) oder des »document« (Dokuments). *Zeichenformate des Programms* sind diejenigen, die definiert werden, wenn kein Dokument geöffnet ist. *Zeichenformate des Dokuments* sind solche, die im aktiven Dokument definiert wurden, und die sind dann auch nur in diesem Dokument vorhanden. Wir interessieren uns für die Formate im aktiven Dokument, experimentieren mit ihnen und bekommen folgendermaßen Zugriff auf sie:

```
app.activeDocument.characterStyles
```

Wenn Sie diese Zeile im ESTK ausführen, gibt es Ihnen [object CharacterStyles] an. Schlagen wir im Reference Guide unter »character styles« nach, sehen wir, dass sie eine Eigenschaft name haben, die – wenig überraschend – den Namen des Formats wiedergibt, wie Sie ihn in der Zeichenformatpalette sehen können. Um ein Zeichenformat z.B. auf ein Wort anzuwenden, bestimmen Sie, dass die Eigenschaft appliedCharacterStyle dieses Worts der Name des gewünschten Formatobjekts sein soll. Da Sie ein Format ansprechen könnten, das es gar nicht gibt, und da Sie nicht möchten, dass das Skript auf Grund eines Fehlers anhält, ist es ratsam, ein Format erst nach einer Existenzprüfung anzuwenden.

```
if( app.activeDocument.characterStyles.item('Fett');
    != null )
  app.selection[0].paragraphs[0].words[0].
     appliedCharacterStyle = app.activeDocument.
     characterStyles.item('Fett')
```

Die erste Zeile zeigt, wie man prüft, ob ein Objekt vorhanden ist: Wenn ein besonderes Objekt null – also »leer« – ist, existiert es nicht (null ist in JavaScript ein reserviertes Wort). Die zweite Zeile wird deswegen nur ausgeführt, wenn das Zeichenformat Fett vorhanden ist.

Mit einem Absatzformat belegten Text formatieren

Absatzformate können auf die gleiche Art wie Zeichenformate zugewiesen werden (wir gehen davon aus, dass die Variable myPar die Referenz – den Bezug – zu einem Absatz darstellt):

```
myPar.appliedParagraphStyle = app.activeDocument.
    paragraphStyles.item( 'Normal' );
```

Dieser Befehl löscht alle lokalen Abweichungen (Zeichenformate bleiben unberührt), es verhält sich also so, als hätten Sie in der grafischen Benutzeroberfläche ein Absatzformat mit gedrückter Alt/Wahl-Taste zugewiesen. Um lokale Abweichungen beizubehalten, gehen Sie folgendermaßen vor:

```
myPar.applyStyle(
   app.activeDocument.paragraphStyles.item( 'Normal',
       false )
   );
```

Im ersten Beispiel setzen wir eine Eigenschaft (appliedParagraphStyle), während wir im zweiten Beispiel eine Methode (applyStyle()) verwenden. Diese Methode weist einem ausgewählten Absatz ein Format zu, verwendet ein Absatzformat als Objekt (nur ein Formatname als String wie oben geht nicht) und einen Booleschen Wert false oder true, der angibt, ob lokale Abweichungen gelöscht werden sollen. Wir haben false angegeben, um lokale Abweichungen zu erhalten.

Absatzabstände

Einige Verlage wünschen halbe Leerzeilen zwischen Absätzen und ganzen Zeilen (zwischen Grundtext und Listen, zwischen Text und Beispielen usw.). Um den Abstand oberhalb des Absatzes auf 3 Punkt zu stellen, können Sie folgenden JS-Befehl verwenden.

```
myPar.spaceBefore = '3 pt';
```

Um zu gewährleisten, dass gegenüberliegende Seiten gleich lang sind, geben manche Verlage vor, dass diese halben Leerzeilen variabel sein sollen; Sie können den Abstand etwas vergrößern. Oft geben sie auch an, dass der Abstand oberhalb bestimmter Überschriften vergrößert werden kann, deshalb benötigen wir zwei Skripten: eins, das die halbe Leerzeile setzt, und eins, das den Abstand vor einem Absatz Schritt für Schritt vergrößert. Wenden wir uns zuerst dem Skript zu, das den Abstand vor einem Absatz um 1 Punkt vergrößert:

```
myPar.spaceBefore += 1;
```

Jedes Mal, wenn Sie dieses Skript ausführen, wird dem Abstand vor dem aktuellen Absatz 1 Punkt hinzugefügt. Bitte beachten Sie, dass Sie in diesem Skript nicht um 1pt erhöhen können, deswegen nehmen wir für einen Moment an, dass die Maßeinheiten auf Punkt stehen. (Natürlich ist dieses Skript, wie viele andere, nur dann richtig praktisch, wenn Sie es einer Kurztaste zuordnen.) Um den Absatzabstand zu verringern, gehen wir ähnlich vor:

```
myPar.spaceBefore -= 1;
```

Aber jetzt müssen wir vorsichtig sein: Was soll geschehen, wenn der Absatzabstand kleiner als 1 Punkt ist? Versuchen Sie es: Das ESTK wird einen Fehler melden (»Data is out of range«). Idealerweise prüfen wir den Abstand oben, bevor wir ihn verringern:

```
if( myPar.spaceBefore >= 1 )
    myPar.spaceBefore -= 1
else
    myPar.spaceBefore = 0;
```

Wenn der Abstand vor dem aktuellen Absatz 1 Punkt oder mehr beträgt, wird er um 1 Punkt reduziert; ist der Abstand geringer als 1 Punkt, wird er auf 0 gesetzt.

Jetzt widmen wir uns dem Hinzufügen einer halben Leerzeile über einem Absatz. Das ist etwas verzwickter, da wir ein allgemeines Skript brauchen, das herausfindet, wie groß der aktuelle Zeilenabstand ist, und dann die Hälfte davon dem Absatzabstand oben hinzufügt. Wir erhalten den aktuellen Zeilenabstand über den Wert von `leading`. Wir müssen zwei Arten von Zeilenabstand in Betracht ziehen: festen und automatischen. Den Zeilenabstand eines Absatzes erhalten wir von seiner Eigenschaft `leading`. Sie können dies im Scripting Guide prüfen oder einen Versuch im ESTK wagen. Wählen Sie einen Absatz in einem InDesign-Dokument und tippen Sie im ESTK diese Zeile in eine neue Datei:

```
app.selection[0].leading
```

Oft ist es einfacher, einen Versuch zu wagen. Wenn es nicht funktioniert, können Sie später immer noch ins Handbuch schauen. In diesem Fall funktioniert es, und der Wert des Zeilenabstands wird angezeigt. Wenn der Zeilenabstand fest ist, wird der Wert in der Konsole ausgegeben. Ist der Wert außergewöhnlich hoch, handelt es sich eventuell um eine Enumeration; zum Beispiel ist der zurückgegebene Wert in Absätzen, die einen automatischen Zeilenabstand haben, 1635019116. Jetzt ist es Zeit, im Referenzhandbuch nachzuschlagen. Bei »leading« sagt uns die zweite Spalte »Units, Leading enumeration«. *Units* ist wieder der Wert im aktuellen Maßsystem; *leading enumeration* ist ein spezieller Wert, der entweder als Dezimalwert gegeben werden kann (`1635019116`) oder in normaler Sprache (hier: `Leading.auto`). Das ESTK gibt den Wert stets als Dezimalwert zurück.

Wenn der Zeilenabstand des Absatzes fest ist, fügen Sie eine halbe Leerzeile einfach durch die Addition des halben Zeilenabstands zum Absatzabstand davor hinzu. Im anderen Fall, wenn also der Zeilenabstand automatisch ist, müssen Sie erst den Wert des automatischen Zeilenabstands ermitteln, diesen mit der Schriftgröße multiplizieren (was den Zeilenabstand ergibt) und das Produkt durch 2 teilen (um den Wert für eine halbe Zeile zu erhalten). In JavaScript können Sie das folgendermaßen machen:

```
if( myPar.leading == Leading.auto )
    var myLeading = myPar.pointSize *
        ( myPar.autoLeading / 100 )
else
    var myLeading = myPar.leading;
myPar.spaceBefore += myLeading / 2;
```

In der ersten Zeile prüfen wir den Status des Zeilenabstands des Absatzes (»if the leading is autoleading«). Wenn der Zeilenabstand automatisch ist, erhalten wir in der zweiten Zeile den Schriftgrad des Absatzes, multiplizieren ihn mit dem Wert für den automatischen Zeilenabstand des Absatzes geteilt durch 100 (für einen Wert beispielsweise von 120% brauchen wir einen Multiplikator von 1,2) und weisen das Ergebnis einer anderen Variablen, die wir myLeading nennen, zu. Wenn der Zeilenabstand nicht automatisch ist (also fest), weisen wir der Variablen myLeading einfach den Wert des Zeilenabstands zu. Schließlich fügen wir dem Absatzabstand oben die Hälfte des Werts von myLeading hinzu.

Absätze nummerieren

Die Absatznummerierung von InDesign ist gänzlich unbrauchbar. Es ist nicht möglich, Zahlen auf die Dezimale auszurichten, so dass Listen mit mehr als 9 Einheiten nicht scheußlich aussehen; Sie können nur ein Trennzeichen zwischen der Zahl und dem folgenden Text bestimmen, und Sie können die Zahlen in keiner Weise formatieren – nicht einmal mit einem verschachtelten Format. Aber Absätze per Skript zu nummerieren ist nicht sehr schwierig. Wählen Sie in einem InDesign-Dokument ein paar Absätze und führen Sie dieses Skript aus:

```
if( !(app.selection[0].constructor.name == 'Text') )
    exit();
```

```
// ermittle einen Zugriff auf die ausgewählten Absätze
var myParagraphs = app.selection[0].paragraphs;
for( var i = myParagraphs.length-1; i >= 0; i-- )
    myParagraphs[i].insertionPoints[0].contents =
        String(i+1) + '.\u0009\u0007';
```

Wie immer prüfen wir zunächst, ob die aktuelle Auswahl passend ist (Objekt Text). Dann holen wir uns einen Bezug zu den ausgewählten Absätzen (var myParagraphs) und gehen sie in einer Schleife durch. Da wir beim Durchgehen die Objekte ändern, müssen wir beim letzten Element anfangen und uns bis zum ersten zurückarbeiten. Der Schleifenzähler i muss um 1 vermindert werden (JavaScript fängt bei 0 an zu zählen, normale Menschen fangen bei 1 an), und da er eine Zahl ist, muss er in einen String umgewandelt werden, bevor wir ihn einfügen können. Nach der Nummer werden ein Punkt, ein Tabulator (\u0009) und ein »Einzug bis hierhin«-Zeichen (\u0007) eingefügt.

Wenn Absätze auf diese Weise nummeriert werden, führt das natürlich zu einer statischen Liste; aber mit einer kleinen Änderung des Skripts können wir dafür sorgen, dass es eine Liste neu nummeriert, um z.B. einen eingefügten Absatz einzubeziehen:

```
if( !(app.selection[0].constructor.name == 'Text' ) )
    exit();
var myParagraphs = app.selection[0].paragraphs;
for( var i = myParagraphs.length-1; i >= 0; i-- )
    // wenn das erste Wort keine Nummer ist
    if( isNaN( myParagraphs[i].words[0].contents ) )
        // dann füge am Anfang des Absatzes
        // eine Nummer ein
        myParagraphs[i].insertionPoints[0].contents =
            String(i+1) + '.\u0009\u0007'
    else
    // andernfalls (d.h., das erste Wort ist eine
    // Nummer) ersetze das erste Wort mit einer Nummer
        myParagraphs[i].words[0].contents =
            String(i+1) + '.';
```

Diese Version des Skripts prüft das erste Wort jedes Absatzes. Wenn es keine Nummer ist, wird eine Nummer am Anfang des Absatzes eingefügt; andernfalls (d.h., wenn das erste Wort eine Nummer ist) wird es durch eine Nummer ersetzt (isnNaN steht für »is not a number«); es ist eine JavaScript-Funktion, die prüft, ob etwas eine Nummer ist, also aus Ziffern und Punkten und nichts anderem besteht).

Eine andere Art der Listenverarbeitung schließt die Ausrichtung römischer Ziffern auf die inneren Zahlen (oder die innere Klammer, wenn die Nummern in Klammern stehen) ein, wie hier zu sehen:

(i) Que tiurorbite cae omnimmo intili consum paris.

(ii) Dec vit.

(iii) Ad facchic ibuntium et ingultora nocae vem pota.

(iv) Videm cortaret quam octus actatil icesendam antero ublica verum consulla perum iam nos.

(v) Ad nia con Itatquidius.

Um dies zu bewerkstelligen, müssen wir die Breite der breitesten Nummer herausfinden und diese dazu verwenden, in jedem Absatz zunächst einen rechtsbündigen und dann einen linksbündigen Tabulator im Abstand von einem Halbgeviert zu definieren und einen Tabulator am Anfang jedes Absatzes einzufügen. Das Skript sieht so aus:

```
if( !(app.selection[0].constructor.name == 'Text' ) )
     exit();
var myParagraphs = app.selection[0].paragraphs;
var biggest = 0;
// ermittle die Position der rechten Ecke des
// längsten Worts
for( var i = 0; i < myParagraphs.length; i++ )
   biggest = Math.max( biggest,
   myParagraphs[i].words[0].insertionPoints[-1].
   horizontalOffset );
```

```
// erste Tab-Position ist die größte minus
// die linke Ecke des Textrahmens
var myTabPos1 = biggest - app.selection[0].
    parentTextFrames[0].geometricBounds[1];
// zweite Tab-Position ist die erste plus Halbgeviert
var myTabPos2 = myTabPos1 + (myParagraphs[0].
    characters[0].pointSize/2);
// füge diese Tab-Positionen in alle ausgewählte
// Absätzen ein und platziere ein Tab-Zeichen
// am Anfang jedes Absatzes
for( var i = myParagraphs.length-1; i >= 0; i-- )
{
   myParagraphs[i].tabList = [
      { position : myTabPos1, alignment :
         TabStopAlignment.rightAlign },
      { position : myTabPos2, alignment :
         TabStopAlignment.leftAlign } ];
   myParagraphs[i].insertionPoints[0].contents = '\t'
}
```

Zuerst geht das Skript in einer Schleife durch die Absätze, um die längste Nummer durch Vergleiche der horizontalen Position des letzten Einfügepunkts jeder Nummer zu finden. Wir benutzen die JS-Funktion `Math.max()`, die die größere von zwei Nummern ermittelt. Diese Nummer ist die Distanz vom Linealursprung zur rechten Ecke der breitesten Nummer, so dass wir die erforderliche Tab-Position dadurch erhalten, dass wir die linke Ecke des Textrahmens davon abziehen. Die Koordinaten eines Textrahmens sind über dessen Eigenschaft `geometricBounds` zugänglich, einem Array mit vier Elementen, dessen zweites Element die Position der linken Textrahmenecke bezeichnet. Wir erhalten die zweite Tab-Position (d.h. die Tab-Position, an der der Text beginnt), indem wir den Wert eines Halbgevierts, der dem aktuellen Schriftgrad (Geviert) geteilt durch zwei entspricht, hinzufügen. Schließlich gehen wir noch einmal in einer Schleife durch die ausgewählten Absätze, um die Tabstopps zu setzen (wobei alle vorhandenen gelöscht werden), und fügen am Anfang jedes Absatzes einen Tab ein.

Kapitel 6
Suchen und Ersetzen

Im Kern geht es in vielen Skripten um Suchen und Ersetzen. Im Prinzip bietet das Skripten die gleichen Möglichkeiten wie die Benutzeroberfläche mit einer wichtigen Ausnahme: In der Benutzeroberfläche kann der Suchbereich auf einen von fünf (alle Dokumente, aktuelles Dokument, Textabschnitt, bis zum Ende des Textabschnitts, Auswahl) gesetzt werden, wohingegen beim Skripten der Suchbereich auf geradezu jedes Objekt gelegt werden kann: Dokument, Textabschnitt, Seite, Textrahmen, Absatz, Wort usw.

Das Skelett von Suche-Ersetze-Befehlen in JavaScript sieht für InDesign CS3 folgendermaßen aus:

```
// InDesign CS3
// Zurückstellen der Suche-Ersetze-Einstellungen
app.findTextPreferences = app.changeTextPreferences =
    null;
// gesuchter Text
app.findTextPreferences.findWhat = "Javascript";
// Ersatztext
app.changeTextPreferences.changeTo = "JavaScript";
// Suche nach ganzem Wort
app.findChangeTextOptions.wholeWord = false;
```

```
// Berücksichtigung der Groß-/Kleinschreibung
app.findChangeTextOptions.caseSensitive = true;
// Ersetze-Befehl
app.activeDocument.changeText();
```

Für InDesign CS2 lautet der Code so:

```
// InDesign CS2
// Zurückstellen der Suche-Ersetze-Einstellungen
appfindPreferences = app.changePreferences = null;
// gesuchter Text
app.findPreferences.findText = "Javascript";
// Ersatztext
app.changePreferences.changeText = "JavaScript";
// Suche nach ganzem Wort
app.findPreferences.wholeWord = false;
// Berücksichtigung der Groß-/Kleinschreibung
app.findPreferences.caseSensitive = true;
// Ersetze-Befehl
app.activeDocument.search();
```

Die erste Code-Zeile, die die Suchen-Ersetzen-Eigenschaften zurückstellt, ist wichtig und *muss* absolut jedem Suchen- bzw. Ersetzen-Befehl vorangehen. Wenn Sie sie auslassen, macht das Skript entweder gar nichts (wenn Sie Glück haben), oder es verursacht auf Grund von Einstellungen einer vorhergehenden Suche, die Sie vergessen haben, Chaos. Tatsächlich löscht diese erste Zeile die Einstellungen der Felder *Suchen nach* und *Ändern in* im *Suchen-Ersetzen*-Dialog und löscht ebenso die Formateinstellungen, indem sie die Einstellungen auf null zurücksetzt.

Die zweite Zeile definiert die gesuchte Zeichenfolge. Die dritte gibt den Ersatztext an. In der fünften Zeile geben Sie an, ob Sie nach ganzen Wörtern suchen (true heißt hier ja und false nein). Die Beachtung der Groß-/Kleinschreibung stellen Sie in der folgenden Zeile ebenfalls mit true oder false ein. Die letzte Zeile löst schließlich den Suchen-Ersetzen-Vorgang mit den davor definierten Einstellungen aus.

In InDesign CS2 lässt sich der Suchen-Ersetzen-Befehl folgendermaßen abkürzen:

```
// InDesign CS2
app.findPreferences = app.changePreferences = null;
// Ersetzen mit Parameterübergabe
app.activeDocument.search( 'Javascript', false, true,
                           'JavaScript' );
```

Der erste der vier Parameter bezeichnet, was Sie finden wollen. Der zweite gibt an, ob Sie daran interessiert sind, ganze Wörter zu finden (schreiben Sie `true`, um nach ganzen Wörtern zu suchen). Der dritte Parameter stellt die Beachtung der Groß-/Kleinschreibung ein, und der vierte Parameter ist Ihr Ersatztext.

Das Beispiel oben durchsucht das gesamte Dokument, aber, wie früher schon erwähnt, können Sie praktisch jedes (Text-)Objekt durchsuchen. In InDesign CS3 geht das beispielsweise folgendermaßen:

```
// InDesign CS3
app.selection[0].paragraphs[0].changeText();
app.activeDocument.pages[3].textFrames[0].
    changeText();
```

Hier das gleiche Beispiel für InDesign CS2:

```
// InDesign CS2
app.selection[0].paragraphs[0].search();
app.activeDocument.pages[3].textFrames[0].search();
```

Der Befehl `changeText()` in InDesign CS3 bzw. `search()` in InDesign CS2 wird einfach an das zu durchsuchende Objekt angehängt. So ersetzt die erste Zeile alle Vorkommen von »Javascript« durch »JavaScript« im ausgewählten Absatz (beachten Sie die oben eingerichteten Werte für gesuchten Text und Ersatztext sowie die Einstellungen für die Suche nach einem ganzen Wort und die Beachtung der Groß-/Kleinschreibung); die zweite Zeile führt den Ersetzen-Vorgang im ersten Textrahmen auf der vierten Seite aus.

Wie in der Benutzeroberfläche können Sie für Suchen und Ersetzen Formateigenschaften angeben. Um ein hochgestelltes Sternchen (*) durch ein nicht hochgestelltes (normales) Sternchen zu ersetzen, gehen Sie in InDesign CS3 folgendermaßen vor:

```
// InDesign CS3
app.findTextPreferences = app.changeTextPreferences =
    null;
app.findTextPreferences.findWhat = "*";
app.changeTextPreferences.changeTo = "*";
app.findChangeTextOptions.wholeWord = false;
app.findChangeTextOptions.caseSensitive = true;
app.findTextPreferences.position =
    Position.superscript;
app.changeTextPreferences.position = Position.normal;
app.activeDocument.changeText();
```

In InDesign CS2 kommt folgendes Skript zum Einsatz:

```
// InDesign CS2
app.findPreferences = app.changePreferences = null;
app.findPreferences.position = Position.superscript;
app.changePreferences.position = Position.normal;
app.activeDocument.search( '*', false, true, '*' );
```

Diese vier Zeilen für InDesign 4 (CS2) können noch mal abgekürzt werden, indem die Formateinstellungen von Suchen und Ersetzen in den Suchbefehl eingebunden werden:

```
// InDesign CS2
app.findPreferences = app.changePreferences = null;
app.activeDocument.search( '*', false, true, '*',
    // die Suchen-Formateinstellung
    { position : Position.superscript },
    // die Ersetzen-Formateinstellung
    { position : Position.normal } );
```

Wie Sie sehen, hat der Suchbefehl für InDesign CS2 bis zu sechs Parameter. Neben den vier, die wir bereits gesehen haben, bezeichnet der fünfte (in geschweiften Klammern) die Suchen-Formateinstellungen. Der sechste, ebenfalls in geschweiften Klammern, bestimmt die Ersetzen-Formateinstellungen. Die beiden Methoden sind im Prinzip gleich, aber es gibt einen entscheidenden Unterschied. In der ersten Fassung, in der die Formateinstellungen vor dem Aufruf des Suchen-Befehls definiert sind, werden die Formateinstellungen nur einmal gesetzt. In der zweiten Fassung jedoch werden die Einstellungen jedes Mal mit der Suche eingestellt. In diesen beiden Skripten macht es deswegen keinen Unterschied, welche Methode Sie verwenden. Später werden wir sehen, dass Suchbefehle oft in Wiederholungsschleifen eingebettet werden, und indem die Voreinstellungen beibehalten werden, wird das Skript beträchtlich langsamer ausgeführt.

Das Definieren der Formateinstellungen ist additiv; das heißt, dass eine neu gesetzte Eigenschaft den anderen vorher bereits gesetzten Eigenschaften hinzugefügt wird (das erklärt, weshalb Sie die Einstellungen am Anfang eines Skripts auf `null` zurücksetzen sollten). Mit den folgenden Zeilen kombinieren Sie in InDesign CS3 die Suche nach kursiven und unterstrichenen Zeichen:

```
// InDesign CS3
app.findTextPreferences = app.changeTextPreferences =
    null;
app.findTextPreferences.fontStyle = 'Italic';
app.findTextPreferences.underline = true;
```

Der gleiche Code für CS2:

```
// InDesign CS2
app.findPreferences = app.changePreferences = null;
app.findPreferences.fontStyle = 'Italic';
app.findPreferences.underline = true;
```

usw.

Das funktioniert in InDesign CS2 auch, wenn Sie die Formateinstellungen im Suchbefehl angeben:

```
// InDesign CS2
app.findPreferences = app.changePreferences = null;
app.activeDocument.search( 'recte', true, true,
    'kursiv-unterstrichen', { fontStyle : 'Italic',
    underline : true } );
```

Für InDesign CS3 lautet der Code:

```
// InDesign CS3
app.findTextPreferences = app.changeTextPreferences =
    null;
app.findTextPreferences.findWhat = "recte";
app.changeTextPreferences.changeTo =
    "kursiv-unterstrichen";
app.changeTextPreferences.fontStyle = 'Italic';
app.changeTextPreferences.underline = true;
app.findChangeTextOptions.wholeWord = true;
app.findChangeTextOptions.caseSensitive = true;
app.activeDocument.changeText();
```

Das letzte Skript findet jedes kursive und unterstrichene Wort »recte« und ersetzt es durch »kursiv-unterstrichen«.

Sie können beim Skripten die gleichen Jokerzeichen wie in der Benutzeroberfläche verwenden. Um das hochgestellte »e« nur dann normal zu setzen, wenn ihm eine Ziffer vorausgeht, verwenden Sie dies in InDesign CS3:

```
// InDesign CS3
app.findTextPreferences = app.changeTextPreferences =
    null;
app.findTextPreferences.findWhat = "^9e";
app.changeTextPreferences.position = Position.normal;
app.findChangeTextOptions.wholeWord = false;
app.findChangeTextOptions.caseSensitive = true;
```

In InDesign CS2 lautet der Code:

```
// InDesign CS2
app.findPreferences = app.changePreferences = null
app.activeDocument.search( '^9e', false, true,
    undefined, undefined,
    { position : Position.normal } )
```

Beachten Sie bitte, dass wir hochgestellt nicht als Suchen-Formateinstellung verwenden können, wenn die Ziffer, die dem »e« vorangeht, nicht ebenfalls hochgestellt ist; wäre die Formateinstellung so eingestellt, würde das Skript nichts finden. Beachten Sie in dem Skript für InDesign CS2 auch die Verwendung von undefined (im Skript für InDesign CS3 wird die Einstellung einfach nicht definiert). Wir haben es als Ersatz für den Ersetzen-Text, da die Jokerzeichen nicht als Ersetzen-Text verwendet werden können. Und da wir die Ersetzen-Formateinstellungen definieren (dem sechsten Parameter), brauchen wir einen Platzhalter für die Suchen-Formateinstellungen (dem fünften Parameter), andernfalls würden die Ersetzen-Formateinstellungen als Suchen-Formateinstellungen interpretiert.

Um schließlich Unicode-Werte zu suchen, verwenden Sie das Format <XXXX> oder \uXXXX. Für den Halbgeviertstrich mit dem Unicode-Wert 2013 verwenden Sie z.B. in InDesign CS3 eine der beiden folgenden Varianten:

```
// InDesign CS3
// Variante 1
app.findTextPreferences.findWhat = '<2013>';
app.activeDocument.findText();
// Variante 2
app.findTextPreferences.findWhat = '\u2013';
app.activeDocument.findText();
```

InDesign CS2:

```
// InDesign CS2
// Variante 1
app.activeDocument.search( '<2013>' );
// Variante 2
app.activeDocument.search( '\u2013' );
```

(Ich bevorzuge das zweite Format (\uXXXX), da dieses in jedem JavaScript-Befehl funktioniert und <XXXX> nur im Suchen-Befehl läuft.)

Wir verlassen an dieser Stelle den Suchen-Ersetzen-Bereich des Skriptens, da es im Prinzip nicht mehr als eine Automatisierung dessen ist, was Sie von dem Suchen-und-Ersetzen-Dialog in der Benutzeroberfläche her kennen. Stattdessen wenden wir uns dem Suchen-Befehl zu und zeigen, wie die Ergebnisse verwendet werden können.

Sammlungen finden

Die erste Frage ist: »Was genau findet InDesign?« Um dies zu ermitteln, erstellen Sie ein InDesign-Dokument sowie einen Textrahmen und geben mehrfach den Buchstaben »e« ein: Tippen Sie ein Wort, das aus sechs »e«s besteht, machen Sie den zweiten Buchstaben kursiv und unterstreichen Sie den dritten. Als Nächstes schreiben Sie im ESTK die folgenden Zeilen in einer neuen ESTK-Datei und führen das Skript in InDesign CS2 aus:

```
// InDesign CS2
app.findPreferences = app.changePreferences = null;
var myFound = app.activeDocument.search( 'ee' );
myFound;
```

Die Version für InDesign CS3 lautet folgendermaßen:

```
// InDesign CS3
app.findTextPreferences = app.changeTextPreferences =
    null;
app.findTextPreferences.findWhat = 'ee';
var myFound = app.activeDocument.findText();
myFound;
```

Wir fangen das Ergebnis der Suche in der Variablen myFound ein. In der Konsole können Sie Folgendes sehen:

```
[object Text],[object Text],[object Text]
```

Aha! InDesign findet keinen Text, sondern Textobjekte, und all die gefundenen Textobjekte zusammen (myFound) sind in der Tat eine Sammlung. Damit haben wir hier eine Sammlung von drei Objekten, die wir in der gleichen Weise abfragen können, wie wir es früher während der Erkundung des Objektmodells gemacht haben. Fügen Sie die folgende Zeile zu den Zeilen im ESTK hinzu und führen Sie das Skript aus:

```
myFound.length
```

ESTK antwortet »3«, die Zahl der Elemente im Objekt my-Found. Löschen Sie die letzte Zeile und tippen Sie stattdessen ein:

```
myFound[0].contents
```

Wie zuvor adressieren wir die Elemente einer Sammlung, indem wir einen Index in eckigen Klammern verwenden. Die Zeile veranlasst das ESTK, mit »ee«, dem aktuellen Inhalt des ersten Textobjekts, zu antworten. Löschen Sie die letzte Zeile und fügen Sie diese hinzu:

```
myFound[1].characters[0].underline
```

was bedeutet: »Ist das erste Zeichen des zweiten Textobjekts unterstrichen?« Das ESTK wird true antworten (das ist seine Art, »wahr« zu sagen). Dieses und weitere Untersuchungen zeigen, dass die Suchergebnisse Objekte sind, die wie jedes andere Objekt behandelt werden können. In den nächsten Abschnitten werden wir dafür ein paar Anwendungsbeispiele zeigen.

Ein Kerning-Editor

Im Gegensatz zu Anwendungen wie Ventura und Quark verfügt InDesign über keinen Kerning-Editor, um schlecht unterschnittene Zeichenpaare und Zeichenpaare, um die sich der Fontdesigner überhaupt nicht gekümmert hat, zu richten. Wenn Sie die Abstandeinstellungen ernst nehmen, müssen Sie Ihre eigenen Kerning-Einstellungen herausfinden. Mit etwas Mühe können Sie das Kernen skripten; im Grunde genommen ist das Unterschneiden von zwei Zeichen lediglich das Wegnehmen oder Hinzufügen von etwas

Abstand zwischen zwei Zeichen. Ferner kann ein selbst gemachtes Kerning-Skript die Unterschneidung von Zeichen unterschiedlicher Schriftschnitte einrichten, was unmöglich in die Anwendung oder einen Font eingebunden werden kann (kursives *d* und *f* gefolgt von einer gerade stehenden runden Klammer sind berüchtigte Fälle dafür). Optisches Kerning ist nicht immer die beste Wahl, da die Ergebnisse oft bescheiden sind und das Setzen des eigenen Kernings Ihnen mehr Kontrolle gibt. Und da Sie im *Suchen und Ersetzen*-Dialog in InDesign die besonderen Kerning-Werte nicht setzen können, ist es auch nicht möglich, in JavaScript eine Suche zu bewerkstelligen, deshalb müssen wir sie skripten.

Wir packen dies an, indem wir die Kerning-Werte zwischen Zeichenpaaren setzen. Das Objekt zwischen den zwei Zeichen ist ein Einfügepunkt, und wie wir im Reference Guide herausfinden können, haben Einfügepunkte eine Eigenschaft `kerningValue`. Um sicherzustellen, dass Sie auf dem richtigen Gleis sind, erstellen Sie einen kleinen Textrahmen in einem InDesign-Dokument, fügen zwei Buchstaben ein und positionieren den Cursor zwischen den beiden.

```
app.selection[0].kerningValue = -100
```

Sie sollten zwei Zeichen zusammenrücken sehen; wenn dem so ist, wissen Sie, dass dies der richtige Weg ist. Das Skript ist deswegen im Wesentlichen eine Liste von Zeichenpaaren mit ihren Kerning-Werten.

Also müssen wir zuerst diese Zeichen herausfinden und gute Kerning-Werte bestimmen. Ein Problem in einem Font, den ich häufig verwende, der Minion Pro, sind die Bindestriche mit einigen Großbuchstaben (-A, -T, -V, -W). Diese sehen ziemlich schrecklich aus und ihre Kerning-Werte müssen eingerichtet werden. Lassen Sie uns ein Skript schreiben, das das -T-Paar korrigiert (wir werden es später verallgemeinern, wenn wir eine Version haben, die ein Paar richtig behandelt). Als Erstes ermitteln wir einen guten Unterschneidungswert für -T: Schreiben Sie -T in ein InDesign-

Dokument in der Schriftart, die Sie kernen möchten, setzen Sie den Cursor zwischen die beiden Zeichen und drücken Sie Alt/Wahl+linker Pfeil, um den Bindestrich und das T enger zu unterschneiden. Ich finde, dass -100 für die Minion Pro Regular ganz gut passt.

Nun müssen alle Vorkommen von »-T« gefunden und die gefundene Sammlung einer Variablen zugewiesen werden. Die Umsetzung für InDesign CS2 sieht folgendermaßen aus:

```
// InDesign CS2
app.findPreferences = app.changePreferences = null;
app.findPreferences.appliedFont = 'Minion Pro';
app.findPreferences.fontStyle = 'Regular';
var myPairs = app.activeDocument.search( '-T',
    false, true );
```

In InDesign CS3 funktioniert es so:

```
// InDesign CS3
app.findTextPreferences = app.changeTextPreferences =
    null;
app.findTextPreferences.findWhat = '-T';
app.findChangeTextOptions.wholeWord = false;
app.findChangeTextOptions.caseSensitive = true;
app.findTextPreferences.appliedFont = 'Minion Pro';
app.findTextPreferences.fontStyle = 'Regular';
var myPairs = app.activeDocument.findText();
```

Die Variable `myPairs` enthält eine Sammlung aus allen Textobjekten, deren Inhalt -T ist. Um den Kerning-Wert zwischen den beiden Zeichen zu setzen, bestimmen wir in jedem Textobjekt eine Eigenschaft des Einfügepunkts zwischen dem Bindestrich und dem T. Sie erinnern sich daran, dass unsere Objekte aus zwei Zeichen drei Einfügepunkte haben: je einen vor und nach dem Bindestrich und einen nach dem T. Der zu bearbeitenden Einfügepunkt ist der zweite (Nummer 1 in JS). Wir verwenden eine `for`-Schleife, um uns den Weg durch die Sammlung zu bahnen.

```
// InDesign CS2 und InDesign CS3
for( var i = 0; i < myPairs.length; i++ )
    myPairs[i].insertionPoints[1].kerningValue = -100;
```

Es gibt jedoch mehr Unterschneidungspaare zu behandeln, und wir möchten nicht für jedes Paar die for-Schleife ausschreiben. Stattdessen packen wir den größten Teil der Arbeit in eine Funktion. Da wir uns mit dem Roman-Schnitt beschäftigen, nennen wir sie romanRoman (um sie von einer anderen Funktion, italicRoman, die wir später erstellen, zu unterscheiden). Das ganze Skript sieht für InDesign CS2 wie folgt aus:

```
// InDesign CS2
app.findPreferences = app.changePreferences = null;
app.findPreferences.appliedFont = 'Minion Pro';
app.findPreferences.fontStyle = 'Regular';
romanRoman( '-T', -100 );
romanRoman( '-A', -40 );
romanRoman( '-V', -80 );
romanRoman( '-W', -80 );
// 7 gefolgt von einem Halbgeviertstrich
romanRoman( '7^=', -60 );
// 7 gefolgt von einem Komma
romanRoman( '7,', -60 );
function romanRoman( kPair, kValue )
{
   // finde alle Vorkommen von kPairs
   var myPairs = app.activeDocument.search
                 ( kPair, false, true );
   // füge kValue zwischen dem ersten und
   // dem zweiten Zeichen ein
   for( var i = 0; i < myPairs.length; i++ )
      myPairs[i].insertionPoints[1].kerningValue =
            kValue;
}
```

Der Code für InDesign CS3 lautet folgendermaßen:

```
// InDesign CS3
app.findTextPreferences = app.changeTextPreferences =
    null;
app.findTextPreferences.appliedFont = 'Minion Pro';
app.findTextPreferences.fontStyle = 'Regular';
app.findChangeTextOptions.wholeWord = false;
app.findChangeTextOptions.caseSensitive = true;
romanRoman( '-T', -100 );
```

Ein Kerning-Editor

```
romanRoman( '-A', -40 );
romanRoman( '-V', -80 );
romanRoman( '-W', -80 );
// 7 gefolgt von einem Halbgeviertstrich
romanRoman( '7^=', -60 );
// 7 gefolgt von einem Komma
romanRoman( '7,', -60 );
function romanRoman( kPair, kValue )
{
   // finde alle Vorkommen von kPairs
   app.findTextPreferences.findWhat = kPair;
   app.findTextPreferences.findWhat = kPair;
   var myPairs = app.activeDocument.findText();
   // füge kValue zwischen dem ersten und
   // dem zweiten Zeichen ein
   for( var i = 0; i < myPairs.length;  i++ )
      myPairs[i].insertionPoints[1].kerningValue =
         kValue;
}
```

Wie Sie sehen können, ist nun die meiste Arbeit in Funktionen ausgelagert. Wir definieren die Funktionen mit zwei Parametern: dem zu unterschneidenden Paar und dem Unterschneidungswert. Es ist ganz einfach, neue Unterschneidungspaare hinzuzufügen: Bestimmen Sie die optimale Unterschneidung zwischen zwei Zeichen und fügen Sie einfach eine Zeile hinzu, die die Funktion aufruft. Sie müssen das Skript jedes Mal, wenn Sie ein Unterschneidungspaar hinzufügen, erneut ausführen, aber den Unterschneidungswert bestimmten Zeichenpaaren zum wiederholten Male zuzuweisen ist kein Problem (der Unterschneidungswert ist absolut und nicht additiv).

Wir wenden uns nun etwas Schwierigerem zu: dem Unterschneiden von kursiven Zeichen, denen ein gerade stehendes Zeichen folgt. Wie in den meisten Schriften sind dies in der Minion pro unter anderem die Paare *d*, *f*, *l* und *t* gefolgt von einer gerade stehenden runden Klammer sowie *e*, *t*, und *s* gefolgt von einem normalen Doppelpunkt. Um mit diesen umzugehen, definieren wir eine neue Funktion (hier für InDesign CS2):

```
// InDesign CS2
function italicRoman( kPair, kValue )
{
   var myPairs = app.activeDocument.search
      ( kPair, false, true );
   for( var i = 0; i < myPairs.length; i++ )
      // wenn der erste Buchstabe kursiv ist
      // und der zweite gerade
      if( myPairs[i].characters[0].fontStyle ==
         'Italic' && myPairs[i].characters[1].
         fontStyle == 'Regular' )
         myPairs[i].insertionPoints[1].kerningValue =
            kValue;
}
```

Dasselbe für InDesign CS3:

```
// InDesign CS3
function italicRoman( kPair, kValue )
{
   app.findTextPreferences.findWhat = kPair;
   var myPairs = app.activeDocument.findText();
   for( var i = 0; i < myPairs.length; i++ )
      // wenn der erste Buchstabe kursiv ist
      // und der zweite gerade
      if( myPairs[i].characters[0].fontStyle ==
         'Italic' && myPairs[i].characters[1].
         fontStyle == 'Regular' )
         myPairs[i].insertionPoints[1].kerningValue =
            kValue;
}
```

Beachten Sie wieder, dass die Objekte in der Sammlung, die über search() erfasst worden sind, wie jedes andere Objekt behandelt werden können. Die Funktion arbeitet im Prinzip in der gleichen Weise wie die romanRoman-Funktion; ihre zusätzliche Arbeit liegt darin herauszufinden, ob das erste Zeichen jedes gefundenen Paars kursiv und das zweite gerade ist.

Um diese Funktion im anderen Skript verfügbar zu machen, ergänzen Sie folgende Zeilen in dem Skript oben (von dem hier eine Zeile wiederholt wird):

Ein Kerning-Editor

```
// InDesign CS2
romanRoman( '7,', -60 );// 7 gefolgt von einem Komma
// setze den Schriftschnitt in den Suche-
// voreinstellungen zurück
app.findPreferences.fontStyle = NothingEnum.nothing
italicRoman( 'd)', 35 );
italicRoman( 'f)', 180 );
italicRoman( 'l)', 60 );
italicRoman( 't)', 60 );
italicRoman( 'e:', 50 );
italicRoman( 't:', 40 );
italicRoman( 's:', 50 );
```

Die Version für InDesign CS3:

```
// InDesign CS3
romanRoman( '7,', -60 ); // 7 gefolgt von einem Komma
// setze den Schriftschnitt in den Suche-
// voreinstellungen zurück
app.findTextPreferences.fontStyle =
     NothingEnum.nothing;
italicRoman( 'd)', 35 );
italicRoman( 'f)', 180 );
italicRoman( 'l)', 60 );
italicRoman( 't)', 60 );
italicRoman( 'e:', 50 );
italicRoman( 't:', 40 );
italicRoman( 's:', 50 );
```

Dann fügen Sie die `italicRoman`-Funktion unter der `romanRoman`-Funktion ein. Die Zeile, die den Schriftschnitt zurücksetzt, ist notwendig, da das Skript bis zu diesem Punkt nach dem Schriftschnitt »Regular« gesucht hat, aber nun anfängt, nach beliebigen Schriftschnitten zu suchen.

Alle Arten von Problemen bei Abständen können in dieser Form gelöst werden. Zum Beispiel habe ich oft Dokumente, in denen auf Großbuchstaben ein tiefgestellter Index folgt (wie etwa V_3). Ohne Frage ist zwischen V und der folgenden Tiefstellung zu viel Abstand. Aber auch dies ist einfach zu beheben. Wir definieren die Funktion `regularSub()`, die prüft, ob das erste Zeichen eines Paars normal positioniert ist und das zweite tiefgestellt.

```
// InDesign CS2
function regularSub( kPair, kValue )
{
var myPairs = doc.search( kPair, false, true );
for( var i = 0; i < myPairs.length; i++ )
   if( myPairs[i].characters[0].position ==
            Position.normal &&
      myPairs[i].characters[1].position ==
            Position.subscript )
         myPairs[i].insertionPoints[1].kerningValue =
            kValue
}
```

Die Funktion für InDesign CS3 wird so definiert:

```
// InDesign CS3
function regularSub( kPair, kValue )
{
app.findTextPreferences.findWhat = kPair;
var myPairs = app.activeDocument.findText();
for( var i = 0; i < myPairs.length; i++ )
   if( myPairs[i].characters[0].position ==
            Position.normal &&
      myPairs[i].characters[1].position ==
            Position.subscript )
         myPairs[i].insertionPoints[1].kerningValue =
            kValue
}
```

Sie können die Funktionen wie folgt mit einem Jokerzeichen im Suchenargument aufrufen:

```
regularSub( 'V^9', -100 )
```

Dieser Aufruf bearbeitet alle Vorkommen des Großbuchstaben V gefolgt von einer beliebigen Ziffer.

Ein schlimmer Fehler in InDesign CS2

Die meisten Skripten (wie zum Beispiel auch das Kerning-Skript), die versuchen, Fußnoten in InDesign CS2 zu adressieren, scheitern jämmerlich. Das liegt an einem hässlichen Fehler im Skripten des Fußnotenobjekts in JavaScript, der auch in der Version 4.0.5 ungelöst weiterbesteht. Dieser Fehler ist allerdings in InDesign CS3 behoben. Hier dehnen Sie die Suchen-Ersetzen-Vorgänge durch folgende Einstellung auf die Fußnoten aus:

```
app.findChangeTextOptions.includeFootnotes = false;
```

InDesign CS3-Anwender können den Rest dieses Abschnitts überspringen. Der folgende Workaround interessiert nur Benutzer von InDesign CS2.

Glücklicherweise ist eins der wenigen Dinge, die ein Skript in den Fußnoten von InDesign CS2 noch kann, das Verschieben des Texts aus einer Fußnote heraus. Um sicherzustellen, dass Skripten nicht an Fußnoten scheitern und dass Fußnoten abgearbeitet werden, verwende ich zwei Funktionen. Die eine verschiebt den Text jeder Fußnote in einen eigenen Textrahmen, die andere verschiebt alles wieder zurück, nachdem das Skript beendet ist. Es mag ziemlich drastisch aussehen, aber es arbeitet gut.

```
// InDesign CS2
function footnotes2textframes()
{
var myDoc = app.activeDocument;
// arbeite alle Textabschnitte ab
for( var i = 0; i < myDoc.stories.length; i++ )
    {
        // ermittle die Bezüge zu Fußnoten in einem
        // Textabschnitt
        var myFnotes = myDoc.stories[i].footnotes;
        for( var j = 0; j < myFnotes.length; j++ )
        {
```

```
            // erzeuge einen neuen Textrahmen für jede
            // Fußnote und weise jedem Rahmen eine
            // Skriptbezeichnung zu
            myTframe = myDoc.textFrames.add(
              { label : 'temp' + String(i)+String(j) } );
            // verschiebe den Fußnotentext in den Rahmen
            myFnotes[j].texts[0].move( LocationOptions.
                after, myTframe.insertionPoints[0] );
         }
      }
}
```

Fußnoten sind Elemente von Textabschnitten. Und da ein Dokument mehr als einen Textabschnitt enthalten kann, müssen wir die Möglichkeit zulassen, dass es mehr als einen Textabschnitt mit Fußnoten gibt. Für jeden Textabschnitt wird der Text jeder Fußnote in einen eigenen Textrahmen platziert, der eine Skriptbezeichnung erhält mit einem String, der mit temp beginnt, gefolgt von den Indizes des Textabschnitts und der Fußnote; da diese Indizes Nummern sind, müssen sie zuerst in Strings konvertiert werden. Die Fußnotenrahmen bleiben, wo sie sind, nur die Inhalte werden verschoben.

Die Funktion unten, die den Text der Fußnoten zurückverschiebt, ist nun einfach: Sie verschiebt die Inhalte von jedem Textrahmen, der die Skriptbezeichnung temp + zuzüglich seiner Ordnungsnummer enthält, zurück in seinen Fußnotenrahmen und löscht den Textrahmen.

```
// InDesign CS2
function textframes2footnotes()
{
var myDoc = app.activeDocument;
var myTframes = myDoc.textFrames;
for( var i = 0; i < myDoc.stories.length; i++ )
   {
   var myFnotes = myDoc.stories[i].footnotes;
   for( var j = myFnotes.length-1; j > -1; j-- )
      {
```

```
      var myLabel = 'temp' + String(i)+String(j)
      myTframes.item( myLabel ).parentStory.move(
          LocationOptions.after,
          myDoc.stories[i].footnotes[j].
          insertionPoints[0] );
      myTframes.item( mylabel ).remove();
      }
   }
}
```

Schematisch beginnt ein Skript, das diese Funktionen verwendet, mit einem Aufruf der Funktion, die die Fußnoten zu Textrahmen verschiebt, dann macht es, was es eben machen muss. Der letzte Schritt besteht darin, die Funktion aufzurufen, die die Fußnoten wieder zurück zu den Fußnoten verschiebt. Um dies zu veranschaulichen, wird der Kerning-Editor folgendermaßen umgeschrieben:

```
// InDesign CS2
footnotes2textframes()      // verschiebt die Fußnoten
app.findPreferences = app.changePreferences = null;
app.findPreferences.appliedFont = 'Minion Pro';
app.findPreferences.fontStyle = 'Regular';
romanRoman( '-T', -100 );
romanRoman( '-A', -40 );
romanRoman( '-V', -80 );
romanRoman( '-W', -80 );
// 7 gefolgt von einem Halbgeviertstrich
romanRoman( '7^=', -60 );
// 7 gefolgt von einem Komma
romanRoman( '7,', -60 );
//setze den Schriftschnitt auf 'nichts' zurück
app.findPreferences.fontStyle = NothingEnum.nothing
italicRoman( 'd)', 35 );
italicRoman( 'f)', 180 );
italicRoman( 'l)', 60 );
italicRoman( 't)', 60 );
italicRoman( 'e:', 50 );
italicRoman( 't:', 40 );
italicRoman( 's:', 50 );
regularSub( 'V^9', -100 );
regularSub( 'W^9', -100 );
```

```
// verschiebe die Fußnoten zurück
textframes2footnotes()
//fertig
function romanRoman( kPair, kValue )
{ // wie definiert }
function italicRoman( kPair, kValue )
{ // wie definiert }
function regularSub( kPair, kValue )
{ // wie definiert }
function footnotes2textframes()
{ // wie definiert }
function textframes2footnotes()
{ // wie definiert }
```

Kapitel 7 Tabellen

Ein befremdliches Leistungsmerkmal von InDesign CS2 ist die Abwesenheit von Tabellenstilen. Sie erzeugen Tabellen und geben Daten ein, und um die Gestaltung müssen Sie sich auch selbst kümmern. Das ist schade, weil Tabellen in InDesign ansonsten ziemlich mächtig sind und es eine Menge Anwendungsmöglichkeiten für sie gibt. Allerdings sind Tabellen relativ leicht zu skripten, und wir werden einige Funktionen zusammenstellen, um mit ihnen zu arbeiten.

Der Aufbau einer Tabelle

Tabellen bestehen aus Spalten und Zeilen. Sie haben viele Eigenschaften, von denen wir im Folgenden die gebräuchlichsten auflisten. Mit dem Bezug `myTable` zu einer Tabelle seien hier ein paar Beispiele aus der Vielzahl der Eigenschaften einer Tabelle erwähnt:

```
// alle Spalten
myTable.columns
// alle Zeilen
myTable.rows
// alle Zellen in der Tabelle
myTable.cells
```

```
// alle Zellen in Spalte n
myTable.columns[n].cells
// alle Zellen in Zeile n
myTable.rows[n].cells
// Zelle p in Zeile n
myTable.columns[n].cells[p]
// Inhalt einer Zeile gibt ein Array zurück
myTable.rows[n].contents
// Inhalt der Zelle p in Spalte n
myTable.columns[n].cells[p].contents
```

Wie Sie sehen können, sind alle Zellen in einer Tabelle, alle Zellen in einer Spalte oder alle Zellen in einer Zeile zu adressieren. Davon abgesehen können Sie jede einzelne Zelle adressieren. Jede Zelle hat einen Namen in der heute standardisierten Form der Bezugnahme auf Zellen – nämlich Spalte und Zeile getrennt durch Doppelpunkt. Wie so häufig in InDesign können Sie ein bestimmtes Objekt auf verschiedene Weise ansprechen. So nehmen die folgenden Zeilen auf dieselbe Zelle Bezug:

```
myTable.cells.item( '0:3' )
myTable.rows[0].cells[3]
myTable.columns[3].cells[0]
```

Jede Zeile nimmt Bezug auf die vierte Zelle in der ersten Zeile (oder die erste Zelle in der vierten Spalte). Zellen haben zwei bestimmte Elterneigenschaften: parentColumn, was die Spalte einer Zelle, und parentRow, was die Zeile einer Zelle zurückgibt. Daher gibt Ihnen der folgende Code die Spalte der Zelle als Objekt zurück, wenn Sie einen Bezug myCell auf eine Zelle haben:

```
myCell.parentColumn
```

Wir werden aus dieser Eigenschaft später so manchen Vorteil ziehen.

Einen Bezug auf eine Tabelle herstellen

Vorerst behandeln wir jeweils nur eine Tabelle, und zwar die ausgewählte. Später wenden wir uns der Stapelverarbeitung von Tabellen zu. Da das meiste, was wir tun werden, nur in Tabellen gültig ist, möchten wir sicherstellen, dass wir uns auch tatsächlich in einer Tabelle befinden. Um dieses festzustellen, prüfen Sie die Auswahl. Wenn Sie einen Einfügepunkt in einer Tabelle gewählt haben, ist das Elternelement der Auswahl ein Objekt vom Typ Cell; haben Sie eine Zelle ausgewählt, ist das Elternelement der Auswahl eine Tabelle. Daher geben Eltern- und Großelternelemente eine Tabelle als Objekt zurück. Die folgende Funktion zeigt dieses oder gibt eine Fehlermeldung aus, wenn Sie sich nicht in einer Tabelle befinden:

```
function getTable()
{
if( app.selection.length > 0 )
   {
   mySel = app.selection[0];
   if( mySel.parent.constructor.name == 'Table' )
      return mySel.parent;
   else if( mySel.parent.parent.constructor.name ==
         'Table' )
      return mySel.parent.parent;
   }
alert( 'Fehler!\r Cursor befindet sich nicht
      in einer Tabelle\r'+ 'oder unerlaubte
      Auswahl.' );
exit();
}
```

Die Tabelle gibt die ausgewählte Tabelle als Objekt zurück oder zeigt eine Meldung, wenn sie keine Tabelle von der aktuellen Auswahl zu fassen bekommt.

Allgemeine Formatierung

Die meisten Tabellen, die ich setze, ähneln sich stark und sind sehr einfach: keine Linien außer Kopf- und Fußlinien in einer Stärke von 0,5 Punkt und eine 0,25-Punkt-Linie unter der Spaltenüberschrift. Ich möchte außerdem allen Zellen Absatzstile zuweisen, die erste Grundlinie in jeder Zelle auf den Zeilenabstand setzen und den standardmäßigen Abstand vor und nach einer Tabelle loswerden. All das kann mit der Funktion formatTable() behandelt werden (beachten Sie die häufige Verwendung der everyItem()-Funktion). Hier die Version für InDesign CS2:

```
// InDesign CS2
function formatTable( tbl )
{
// ermittle Bezüge zu den Absatzformaten des Dokuments
var pStyles = app.activeDocument.paragraphStyles;
// wenn ein Tabellen- und ein Tabellenkopfformat
// existieren, dann wende sie an
if( pStyles.item( 'Tabelle' ) != null )
   tbl.cells.everyItem().texts[0].applyStyle(
        pStyles.item( 'Tabelle' ), false );
if( pStyles.item( 'Tabellenkopf' ) != null )
   tbl.rows[0].cells.everyItem().texts[0].applyStyle(
        pStyles.item( 'Tabellenkopf' ), false );
// lösche alle Ränder; setze alle Zellversätze auf 0
with( tbl.cells.everyItem() )
   {
   topEdgeStrokeWeight = 0; bottomEdgeStrokeWeight = 0;
   leftEdgeStrokeWeight = 0; rightEdgeStrokeWeight = 0;
   topInset = 0; bottomInset = 0;
   leftInset = 0; rightInset = 0;
   }
with( tbl.rows[0] ) // formatiere die Kopfzeile
   {
   topEdgeStrokeWeight = '0.5pt';
   bottomEdgeStrokeWeight = '0.25pt';
   topInset = '3pt';
   bottomInset = '6pt';
   }
```

```
with( tbl.rows[-1] ) // formatiere die Fußzeile
   {
   bottomEdgeStrokeWeight = '0.5pt';
   bottomInset = '6pt';
   }
tbl.rows.everyItem().firstBaselineOffset =
      FirstBaseline.leadingOffset
tbl.spaceBefore = 0;
tbl.spaceAfter = 0;
}
```

Und hier die Version für InDesign CS3:

```
// InDesign CS3
function formatTable( tbl )
{
// ermittle Bezüge zu den Absatzformaten des Dokuments
var pStyles = app.activeDocument.paragraphStyles;
// wenn ein Tabellen- und ein Tabellenkopfformat
// existieren, dann wende sie an
if( pStyles.item( 'Tabelle' ) != null )
   tbl.cells.everyItem().texts[0].applyParagraphStyle(
      pStyles.item( 'Tabelle' ), false );
if( pStyles.item( 'Tabellenkopf' ) != null )
   tbl.rows[0].cells.everyItem().texts[0].
      applyParagraphStyle( pStyles.item( 'Tabellen-
      kopf' ), false );
// lösche alle Ränder; setze alle Zellversätze auf 0
with( tbl.cells.everyItem() )
   {
   topEdgeStrokeWeight = 0; bottomEdgeStrokeWeight = 0;
   leftEdgeStrokeWeight = 0; rightEdgeStrokeWeight = 0;
   topInset = 0; bottomInset = 0;
   leftInset = 0; rightInset = 0;
   }
with( tbl.rows[0] ) // formatiere die Kopfzeile
   {
   topEdgeStrokeWeight = '0.5pt#;
   bottomEdgeStrokeWeight = '0.25pt';
   topInset = '3pt';
   bottomInset = '6pt';
   }
```

```
with( tbl.rows[-1] ) // formatiere die Fußzeile
    {
    bottomEdgeStrokeWeight = '0.5pt';
    bottomInset = '6pt';
    }
tbl.rows.everyItem().firstBaselineOffset =
     FirstBaseline.leadingOffset
tbl.spaceBefore = 0;
tbl.spaceAfter = 0;
}
```

Nun haben wir zwei Funktionen, `getTable()` und `formatTable()`, die wir für den Arbeitsprozess folgendermaßen zusammenstellen:

```
myTable = getTable();
formatTable( myTable );
```

Wir könnten dies auch in eine Zeile zusammenfassen und `formatTable( getTable() )` schreiben, aber der Übersichtlichkeit halber machen wir das nicht, außerdem werden wir `myTable` noch häufiger verwenden.

Spalten einrasten

Eine wichtige Funktion für Tabellen mit einzeiligem Text je Zelle ist das Einrasten von Spalten an ihrem Inhalt, entweder an der Breite des Inhalts der breitesten Zelle oder an diesem Wert zuzüglich eines definierten Abstands (oft einem Geviertleerraum). Wir werden hier eine Funktion entwickeln, die die aktuelle Spalte anpasst; dann werden wir ein kleines Skript zeigen, das diese Funktion verwendet, um alle Spalten in einer Tabelle entsprechend anzupassen. Wir beginnen mit der Funktion, die die ausgewählte Spalte einrasten lässt.

Als Erstes wollen wir wissen, welche Spalte ausgewählt ist. Die ist im Prinzip einfach, aber wie immer müssen wir zunächst prüfen, was die Auswahl ist. Einen Bezug zur

Spalte zu bekommen ist ähnlich dem Vorgang, einen Bezug zu einer Tabelle zu erhalten.

```
function getColumn()
{
   var mySel = app.selection[0];
   if( mySel.parent.constructor.name == 'Cell' )
      return mySel.parent.parentColumn
   else if( mySel.constructor.name == 'Cell' )
      return mySel.parentColumn;
   alert( 'Cursor nicht in einer Tabelle\r
        oder unerlaubte Auswahl' );
   exit();
}
```

Da wir nun einen Bezug zur ausgewählten Spalte haben, wenden wir uns der Funktion zu, die sie einrasten lässt. Was wir tun müssen, ist zum einen, die Spalte auszudehnen, um sicherzustellen, dass der Inhalt jeder Zelle in eine Zeile passt, und zum anderen, den Wert der breitesten Zelle herauszubekommen. Die Größe des Inhalts einer Zelle wird ermittelt über die Differenz der horizontalen Positionen des letzten und des ersten Einfügepunkts. Die horizontale Position eines Zeichens kann über horizontalOffset seines Einfügepunkts abgerufen werden, so ist die breiteste Zelle diejenige mit dem größten Wert für den horizontalen Offset des letzten Zeichens (wir nehmen an, dass alle Zellversätze 0 sind). Hier ist die Funktion:

```
function snapColumn( myColumn )
{
   // ermittle die Größe eines Geviertleerraums
   var em = myColumn.cells[0].insertionPoints[0].
        pointSize;
   myColumn.width = '5cm';
   // ermittle den horizontalen Offset des letzten
   // Einfügepunkts in jeder Zelle
   var myRightPosArray = myColumn.cells.everyItem().
      insertionPoints[-1].horizontalOffset
   // ermittle den größten Wert
   var longest = maxArray( myRightPosArray )
          ↵
```

Kapitel 7: Tabellen

```
   // ermittle die Position der linken Kante der Spalte
   var myLeftPos = myColumn.cells[0].
         insertionPoints[0].horizontalOffset
   // setze die Spaltenbreite
   myColumn.width = (( longest - myLeftPos ) + em )
}
function maxArray( myArray )
{
   var temp = 0
   for( var i in myArray )
      temp = Math.max( temp, myArray[i] )
   return temp
}
```

In der ersten Zeile ermitteln wir die Größe eines Gevierts über den Schriftgrad, mit dem wir später den Raum zwischen den Spalten setzen. Dann wird die ausgewählte Spalte auf eine Breite von 5 cm gesetzt (es könnten auch 10 cm sein – jeder Wert, der groß genug ist, um den Inhalt in eine Zeile zu bringen, ist in Ordnung). Nun müssen wir die Zelle mit dem breitesten Inhalt herausfinden. Wir machen das durch Vergleichen des horizontalen Offsets des letzten Einfügepunkts in jeder Zelle. Dies kann leicht über die everyItem()-Funktion erledigt werden, die uns ein Array von Offsets (als Zahlen) zurückgibt. Um die größte dieser Zahlen herauszufinden, definieren wir eine neue Funktion, maxArray(), weil wir diese später in einigen anderen Skripten verwenden können. Schließlich erhalten wir den horizontalen Offset des ersten Einfügepunkts in einer Zelle (der für alle Zellen in der Spalte derselbe ist), ziehen dies vom größten Wert, den wir gefunden haben, ab und setzen die gewählte Spalte zu dieser Differenz zuzüglich des geplanten Zwischenraums (hier ein Geviertleerraum).

Das ganze Skript ist hier aufgelistet:

```
snapColumn( getColumn() )
function snapColumn( myColumn )
{
// wie definiert
```

```
}
function getColumn()
{
// wie definiert
}
function maxArray( myArray )
{
// wie definiert
}
```

Um alle Spalten in einer Tabelle einrasten zu lassen, verarbeiten wir einfach alle Spalten in einer for-Schleife. Zunächst brauchen wir einen Bezug zur Tabelle, und dann behandeln wir jede Spalte der Reihe nach.

```
myTable = getTable()
for( var i = 0; i < myTable.columns.length; i++ )
    snapColumn( myTable.columns[i] )
```

An Maßeinheiten ausrichten

Eine andere nützliche Funktion richtet eine Zahlenspalte an ihren Maßeinheiten aus, wobei die erste Ziffer der breitesten Zahl an der linken Seite der Spalte steht. An einem Beispiel lässt sich dies am besten verdeutlichen. Sehen Sie sich diese Tabelle an:

Eins	**Zwei**
Bleistifte	12345
Kugelschreiber	678
Papier	9101

Es gibt in InDesign keine richtige Vorkehrung, Spalten mit Zeichen in dieser Art zu setzen. In der grafischen Benutzeroberfläche kann man das über die rechtsbündige Ausrichtung der Zellen lösen, wobei der rechte Zellversatz jeder Zelle so weit vergrößert wird, bis die Zeichen dort sind, wo Sie sie haben wollen. Dies ist eine langweilige Arbeit, die mit einem Skript erledigt werden kann. Da diese Ausrichtungsart stets nur einen Teil der Spalte betrifft, lassen wir das Skript prüfen, ob eine Reihe von Zellen ausgewählt ist.

```
function leftAlignOnUnit()
{
   var mySelection = app.selection[0];
   if( mySelection.constructor.name != 'Cell' )
      exit();
   // Setze Ausrichtung und Zellversätze zurück
   mySelection.paragraphs[0].justification =
        Justification.leftJustified;
   mySelection.rightInset = 0;
   // Ermittle den horizontalen Offset des letzten
   // Einfügepunkts in jeder Zelle
   var myRightPosArray = mySelection.cells.
        everyItem().insertionPoints[-1].
        horizontalOffset;
   // Finde den größten Wert
   longest = maxArray( myRightPosArray );
   // Ermittlte die Position des linken Spaltenrands
   var myLeftPos = mySelection.cells[0].
        insertionPoints[0].horizontalOffset;
   // Setze den rechten Spaltenrand (rechter
   // Zellversatz) und die Ausrichtung der Auswahl
   mySelection.rightInset =
        mySelection.width - ( longest - myLeftPos );
   mySelection.paragraphs[0].justification =
        Justification.rightJustified
}
```

Wie Sie sehen können, ist das Skript im Prinzip dem Spalteneinraster ähnlich; es sammelt den letzten Einfügepunkt jeder ausgewählten Zelle, findet den größten Wert heraus (unter Verwendung der Funktion `maxArray()`, die wir früher definiert haben) und zieht davon die horizontale Position des ersten Einfügepunkts einer Zelle ab. Diese Differenz wird dann von der Spaltenbreite abgezogen (hier `mySelection.width`), um den notwendigen Wert für den rechten Zellversatz zu ermitteln. Schließlich wird die Ausrichtung rechtsbündig gesetzt.

Zellen schattieren

Zellen zu schattieren ist eine recht schwerfällige Arbeit. Deshalb könnte ein kleines Skript nützlich sein. Im Skript unten prüft der erste Zeilenblock, ob eine Zelle ausgewählt ist. Wenn ja, weist das Skript der Auswahl Farbe und Farbton zu. Das Skript arbeitet mit einem irgendwo in der Zelle ausgewählten Einfügepunkt (Platzierung des Cursors in der Zelle) und einer oder mehreren ausgewählten Zellen, so dass Sie eine einzelne Zelle oder mehrere Zellen schattieren können. Da zu verschiedenen Gelegenheiten unterschiedliche Schattierungsstärken benötigt werden, fordert das Skript zu einer Eingabe auf:

```
// nichts ausgewählt, Abbruch
if( app.selection.length < 1 ) exit();
var mySelection = app.selection[0]
if( mySelection.parent.constructor.name == 'Cell' )
    mySelection = mySelection.parent
// Abbruch, wenn keine Zelle ausgewählt ist
if( !(mySelection.constructor.name == 'Cell') )
    exit()
// zeige Eingabeaufforderung, setze den Vorgabewert
// auf 20 (Prozent Schattierung)
var myTint = prompt( 'Enter a tint', 20 )
mySelection.fillColor = 'Black'
mySelection.fillTint = Number( myTint )
```

Summenberechnung von Spalten

Ich habe dieses kleine Skript vor einiger Zeit im Wesentlichen aus Spaß geschrieben, aber es ist mir kürzlich bei mehreren Gelegenheiten nützlich geworden (es illustriert auch, wie flexibel Tabellen in InDesign sein können und wie einfach dies manchmal zu skripten ist). Sie wählen die Zellen aus, die summiert werden sollen, und die Zelle, in der die Summe erscheinen soll, und führen das Skript aus. In der

Tabelle unten ist die Auswahl durch eine Schattierung gekennzeichnet. Nachdem das Skript ausgeführt wurde, steht die Summe der Werte der Auswahl in der Zelle neben Summe.

Eins	**Zwei**
Bleistifte	12345
Kugelschreiber	678
Papier	9101
Toner	23
Summe	

In dem Beispiel oben ist die letzte Zelle leer und wird mit der Summe der vier Zellen darüber gefüllt. Wenn in der letzten Zelle etwas steht, wird es durch den neuen Wert ersetzt (in dieser Form behandelt das Skript Dezimalkommata, aber keine Tausendertrennzeichen). Hier ist das Skript:

```
if( app.selection[0].constructor.name != 'Cell' )
    exit();
var toSum = app.selection[0].contents;
var sum = 0;
for( var i = 0; i < toSum.length-1; i++ )
    sum += Number( toSum[i] );
// ersetze die Auswahl durch die in einem String
// umgewandelte Summe
app.selection[0].cells[-1].contents = String( sum );
```

Bei mehreren ausgewählten Zellen gibt `app.selection[0].contents` ein Array zurück. Da JavaScript immer ein String-Array aus Tabellen zurückgibt, müssen diese in eine Zahl umgewandelt werden, bevor ein Element des Arrays zur Summe addiert wird. Andererseits verlangt eine Zelle einen String als Inhalt. Deswegen muss die Summe in einen String umgewandelt werden, bevor sie in eine Tabelle eingehängt werden kann.

Alle Tabellen in einem Dokument bearbeiten

Tabellen sind Objekte innerhalb von Textabschnitten. Die erste Tabelle im ersten Textabschnitt wird z.B. wie folgt adressiert:

```
app.activeDocument.stories[0].tables[0]
```

Um alle Tabellen in einem Dokument zu behandeln, müssen wir also einmal durch alle Textabschnitte gehen und alle Tabellen in einem Textabschnitt behandeln. Dies kann mit verschachtelten for-Schleifen erledigt werden. Um z.B. mit dem Spalteneinraster alle Spalten in allen Tabellen anzupassen, hatten wir bereits geschrieben, dass wir alle Spalten in allen Tabellen in allen Textabschnitten durchgehen. Dies gibt uns die Zusammenstellung dreier for-Schleifen, die auf den ersten Blick einschüchternd wirken können, tatsächlich aber überschaubar sind.

```
var myStories = app.activeDocument.stories
for( var i = 0; i < myStories.length; i++ )
   for( var j = 0; j < myStories[i].tables.length; j++ )
      for( var k = 0; k < myStories[i].
         tables[j].columns.length; k++ )
         snapColumn( myStories[i].tables[j].
         columns[k] )
function snapColumn( myColumn )
{
   // wie oben definiert
}
```

Der Aufruf von snapColumn() ist natürlich der Aufruf der oben definierten Funktion, der die Spalte in einer Tabelle anpasst.

TecFeeds

Hochkonzentriertes Wissen zu aktuellen Technologien

Sie suchen intelligente Lösungen und Informationen zu neuen Technologien und wollen dabei keine Zeit verlieren? Dann sind die TecFeeds genau das richtige Format für Sie. O'Reilly TecFeeds liefern konzentriertes Know-how im PDF-Format zum sofortigen Download. TecFeeds bringen aktuelle Themen auf den Punkt – kompakt, praxisorientiert und in der gewohnten O'Reilly-Qualität:

www.tecfeeds.de

Eine Auswahl der Themen

- **Cross-Site Scripting**
- **Ein eigenes Schema entwickeln**
- **Geodaten-Mashups**
- **Google Web Toolkit für Ajax**
- **InDesign mit JavaScript automatisieren**
- **Mac OS X Server als Groupware-Server**
- **Mikroformate**
- **twill und Selenium**
- **Vista Sidebar-Gadgets für Administratoren**
- **Wie man einen SMS-Service aufbaut**

Weitere Informationen

➥ regelmäßig neue TecFeeds zu interessanten Themen
➥ RSS-Feed zu neuen TecFeeds
➥ alle TecFeeds zum Probelesen

Vorteile

➥ jederzeit herunterladen und lesen
➥ für das Lesen am Bildschirm optimiert
➥ Ausdrucken möglich
➥ Code per copy & paste übernehmen

O'Reillys Taschenbibliothek
kurz & gut

JavaScript, 3. Auflage
David Flanagan & Lars Schulten, 176 Seiten, 2007, 9,90 €
ISBN 978-3-89721-531-3

Gibt einen kompakten Überblick über den JavaScript-Sprachkern und clientseitiges JavaScript und enthält detailliertes Referenzmaterial zu Core- und clientseitigen Objekten, Methoden und Eigenschaften. Die neue Auflage wurde komplett überarbeitet und um Informationen zu Ajax ergänzt.

CSS, 2. Auflage
Eric A. Meyer, 138 Seiten, 2005, 8,90 €
ISBN 978-3-89721-504-7

Kern dieser Ausgabe ist eine vollständige Referenz aller CSS-Eigenschaften, die in den Standards CSS2 und CSS2.1 definiert sind. Darüber hinaus gibt es eine kurze Einführung in die Funktionsweise und grundlegenden Konzepte von Cascading Style Sheets.

HTML & XHTML, 3. Auflage
Jennifer Niederst, 104 Seiten, 2006, 9,90 €
ISBN 978-3-89721-524-5

Diese Referenz bietet einen schnell zugänglichen Überblick über alle HTML- und XHTML-Elemente und deren wichtigste Attribute. Enthält eine ausführliche Auflistung der verschiedenen Zeichenkodierungen sowie nützliche Informationen zu den DOCTYPE-Deklarationen.

XML, 3. Auflage
Simon St. Laurent & Michael Fitzgerald, 184 Seiten, 2006,
9,90 €, ISBN 978-3-89721-516-0

In dieser kompakten, vollständig aktualisierten Taschenreferenz finden Sie alle wichtigen Informationen zu XML 1.0, XML 1.1, DTDs, XML Schema, RELAX NG und Schematron.

PHP, 3. Auflage
Rasmus Lerdorf, Sebastian Bergmann & Garvin Hicking,
208 Seiten, 2006, 9,90 €, ISBN 978-3-89721-520-7

Diese dritte Auflage wurde gründlich überarbeitet, aktualisiert und erweitert und deckt jetzt PHP 5 ab. Das Buch enthält sowohl eine knappe Einführung in Syntax und Struktur von PHP als auch eine Schnellreferenz für die gebräuchlichsten Funktionen von PHP 5.